JN004498

ＩＴでお金はもっと身近なものになる

インターネットやスマートフォンの登場で、便利なサービスが次々と誕生し、私たちの暮らしに浸透し始めています。「お金」を扱う企業といえばこれまでは「銀行」や「証券会社」だけでしたが、巨大なＩＴ企業がスマホのキャッシュレス決済サービスを提供したり、ベンチャー企業が資産運用サービスを提供したりと、その顔触れも豊かなものになっています。

「お金」は私たちの暮らしに密接に関わるもので、無関係な人はまずいません。「フィンテック」は、そんなお金に関する悩みや不便をＩＴで解決し、より良い金融サービスや、お金の在り方を追求するものです。

皆さんの財産であるお金を守るために、金融業者には厳しい規制がかけられていますが、技術やサービス出現の変化が早い現代においては、私たち利用者自身の金融リテラシー、ＩＴリテラシーが求められています。

本書では、フィンテックの全体像をつかむために、その成り立ちやサービス事例を掲載し、解説しています。皆さんがフィンテックに興味を持ってくださり、生活や仕事で活用するきっかけになればと思います。

株式会社デジタルベースキャピタル　代表パートナー　桜井駿

フィンテックって何？

理解するための7つのキーワード

フィンテックが誕生した背景、サービスの種類、現在の状況まで。押さえておきたい7つのポイントを紹介します。

ＩＴ技術で便利になった新しい金融サービス

数年前から、経済新聞などでよく目にするようになった「フィンテック」。お金にまつわるものということはイメージできますが、その正体は？

フィンテックは、「金融＝Finance（ファイナンス）」と、「ＩＴ技術＝Technology（テクノロジー）」を掛け合わせた造語。つまり、ＩＴ技術を駆使した金融サービスのことだ。

メディアでは、そんなサービスを提供するベンチャー企業なども、まとめてフィンテックと呼ぶことがある。この本では混乱を避けるために、そういった企業は「フィンテック企業」と呼ぶよ。

でも、「ＩＴ技術×金融」なら昔からあったのでは？　ＡＴＭでの入出金や、クレジットカードでの支払いも、ＩＴ技術を利用していますよね。

そう、「ＩＴ技術×金融」は決して新しくない。資金の移動や与信審査には、膨大な情報を処理する必要があり、それを可能にするのがＩＴ技術。だから金融業界は、他の分野に先駆けてＩＴ技術を取り入れてきたんだ。

最近注目されるようになったのは、金融機関以外のベンチャー企業やスタートアップ（社会問題を解決するために作られた企業）が、金融サービスを提供し始めたから。金融機関だけが金融サービスを提供するという構図が崩れたことで、注目を集めたんだ。

◆フィン子
お金の管理が苦手な、社会人３年目。電子マネーやポイントを使いこなせない現金派。

キーワード その1　世界的な金融危機

業界人

銀行のシステム作りに携わっていた技術者が解雇されたり、業界を離れたりして、独自に新しいサービスを作り始めた。

消費者

破綻するような金融機関に対する不信感や、既存の金融サービスへの不満から、それに代わる新しいサービスを求めた。

キーワード その2　IT技術の進歩

スマホの普及や演算能力向上が発展を後押し

スマホの普及で、場所や時間の制約を受けずにサービスを利用できるようになったほか、コンピューターの演算能力向上といった技術の進歩が、フィンテックの発展に貢献した。

金融危機で発展し、技術の進歩で加速

アメリカの金融危機をきっかけに発展したとか。

その通り。リーマン・ショック（p14）によって、優秀なIT技術者が金融業界を離れ、ベンチャー企業やスタートアップに移って、新しい金融サービスを作り始めたんだ。

もともと既存の金融サービスに不満を持っていた消費者も、さらに金融機関に不信感を募らせ、便利で新しい金融サービスを求めるようになった。

さらに、IT技術の進歩で、より多くの人がサービスを利用しやすい環境を手に入れたことで、加速的に発展していったんだ。

◆桜井先生
ベンチャーキャピタリストとして、フィンテック企業への投資や講演も数多くこなす。

キーワード
その3

金融×テクノロジー

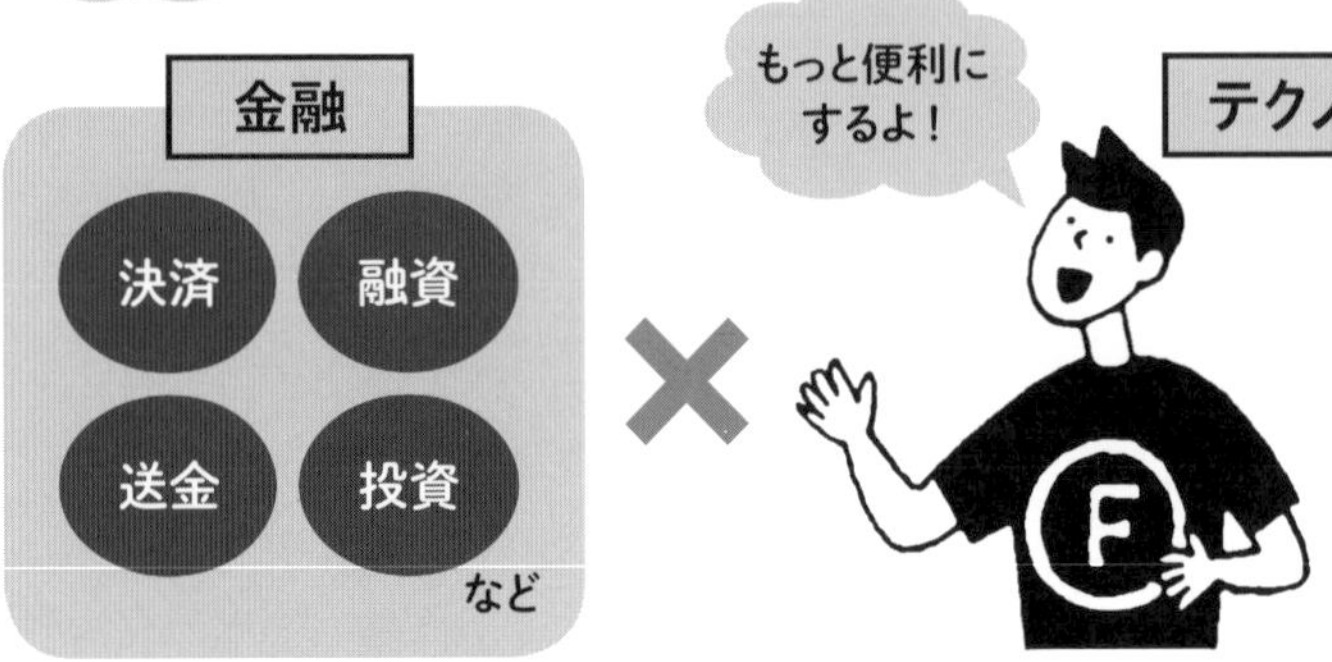

IT技術を駆使して既存の金融サービスの利便性を上げるほか、お金にまつわる様々な悩みや問題を解決するのがフィンテックの目的でもある。

決済から送金、投資まで。様々な種類がある

金融サービスというと、具体的にどういうものがあてはまるのでしょう？　私も利用しているもの？

もちろん利用しているよ。

金融とは、広い意味では「お金の融通」のこと。経済社会で、お金が滞ることなく通じている現象のことを指すんだ。

例えば、ものを購入した際にお金を払ったり（決済）、誰かにお金を送ったり（送金）するね。また、事業などでお金を借りたり（融資）、手持ちのお金を殖やしたり（投資）する人もいる。

これらは全て金融サービスで、銀行や証券会社などの金融機関が提供してきた。でも今では、銀行以外の企業もこうしたサービスを提供している。

ところで、フィン子さんはLINEを使っているかい？

使っていますよ。家族や友達のＩＤを登録して、メッセージをやり取りしています。

そのLINEに付随した機能として、「LINE Pay」がある。遠くに住んでいる家族や友達にお金を送りたいと思ったとき、このLINE Payを使えば、LINEのＩＤを使って直接送金することができる。これまでのように、いちいち銀行口座を聞いて、振り込む必要はないんだ。時と場所にかかわらず手軽に送金できるし、振込手数料もかからない。わかりやすいフィンテックの一例だ。

キーワード その4

進化するサービス

便利になった既存のサービス

決済
- オンライン決済
- カード決済
- モバイル決済

送金
- 低コストの海外送金
- 個人間送金

融資
- クラウドファンディング
- ソーシャルレンディング

投資
- ロボアドバイザー

お金の管理
- PFM
- クラウド会計

その他
- 金融機関向けのサービス

新しいサービス

- 仮想通貨
- 前払い・後払い

他業界に及ぶサービス

- インステック（保険）
- プロップテック（不動産）

既存の金融にはなかった新しいサービスも登場

「自動貯金アプリ」や「仮想通貨」などは？　いわゆる〝金融〟とはちょっと違いますが、これもフィンテック？

ＩＴ技術によって実現した、これまでにない新しいサービスといえるね。「もっと簡単に貯金できればいいのに」「新しい通貨があったらいいのに」といった、お金にまつわる希望を実現させたり悩みを解決したりするのも、フィンテックなんだ。

ＩＴ化の波は、金融業界に限らず他業界にまで広がっている。保険業界や不動産業界などでも、お金に関わるサービスはフィンテックの１つととらえられるね。

キーワード その5

顧客志向のサービス

顧客のニーズに応える金融サービスが誕生

ベンチャー企業や大IT企業が提供する金融サービスは、人々のお金にまつわる問題を解決することや、本業のサービスを利用しやすくすることが目的。「顧客志向」という特徴が、既存の金融とは異なる。

「脅威」から「協業」へ 銀行の立ち位置も変化

フィンテックが話題になり始めた当初は、「銀行の脅威」といわれていましたよね。

金融業界以外の企業が金融サービスを行うようになり、それまで金融業界が独占していた顧客のシェアを奪ってしまうと考えられたからね。

銀行は、近年来客が減ったこともあり、顧客のニーズをつかんだり、それに応えるようなサービスを提供することが難しくなっていた。新規参入しづらい業界ゆえに競争が起こりにくいことも、サービスの質が向上しなかった理由といわれている。

一方、フィンテックは基本的に「消費者目線」に立って作られたサービスだ。ベンチャー企業やスタートアップが目指すものはそうだし、最近では大きなＩＴ企業が金融サービスを始めたりしているけれど、それも「顧客が自社の本業のサービスをより使いやすいようにしよう」という狙いから展開しているもの。消費者がフィンテックサービスに惹かれるのは当然といえる。

じゃあ海外でいわれているように、近い将来、銀行は不要になってしまうの？

今のところ、それはないだろう。フィンテック企業の台頭を受けて、金融機関も、ＩＴ技術の活用を学んだり、企業的な顧客志向を取り入れたりと工夫しているからね。最近ではフィンテ

キーワード
その6

知らぬ間に利用

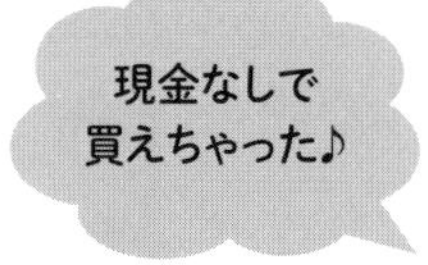

金融はより「黒子的」になり表からは見えにくくなる

フィンテックの普及により金融サービスを利用しやすくなることで、今後は「知らない間に融資を受け、返済まで終わらせていた」というふうに、いつの間にかサービスを利用している可能性も。

ック企業と連携し、互いの強みを持ち寄ってより良い金融サービス作りを展開している。企業と金融機関の協業路線が現状だ。

現金社会が充実しているため日本でのニーズは少ない

でも、日本ではフィンテックが海外ほど普及していないですよね。それはなぜ？

海外でフィンテックが急速に広まったのは、それまでの金融サービスが使いにくく、不満があったからだ。

　日本では、偽札も少ないし、故障の少ないATMから問題なくお金を引き出せる。クレジットカードの審査は甘く、銀行口座を持つことも簡単だ。現在の現金を中心とした社会で困っていることが少ないから、新しいサービスのニーズもないというわけ。

　とはいえ、銀行もフィンテックに対して積極的になっている今、IT化の流れは避けられない。例えば、電車に乗る際に一昔前は切符を使っていたのが、今ではICカードを使うのが当たり前になっているように、いずれ皆がごく自然にフィンテックを利用するようになるだろう。

　そのうち、高額な商品を購入しようと思ったとき、融資可能な金額や返済条件がスマホに提示され、ローンの申し込みや審査のステップを飛ばして購入できるなど、フィンテックの存在はどんどん黒子的になり、気づかないうちにフィンテックを利用する機会が増えるだろうと予想されているよ。

キーワード その7

金融・情報リテラシー

自分のお金や個人情報は自分の力で守る意識を

これからは、お金の取り扱いや管理について学び、フィンテックを賢く利用することが大切。また、IT化が進めば情報漏洩などのリスクも増すため、個人情報の取り扱いに慎重になる必要がある。

金融&情報リテラシーの高い人が得をする世の中に

これからますますフィンテックが普及したら、どんな社会になるんでしょう?

金融サービスがもっと身近なものになるだろう。

これまで、融資や資産運用などの金融サービスは、金融機関が一部の富裕層向けに提供しているものだった。でも、フィンテックの登場で、クラウドファンディング（p50）など、所得レベルに関係なく受けられる金融サービスが生まれた。つまり、金融サービスの選択肢が増えているんだ。

金融についての情報の集め方や、金融サービスの選び方も変化している。今ではオンラインで金融の専門家に相談したり、ネットのコミュニティから、お得な情報を得たりできるよ。

そうなんですね。知らなかった……。私のように、お金のことに疎い人間は損をしてしまいそうですね。

その通り。高額な買い物をするときにお得な返済プランを組んだり、賢く資産を運用したり。より意識的に行動した人が得をする世の中になる。そのためにはまず、お金に関する情報収集が大切だ。

それに、フィンテックが発展すると、個人情報の流出や詐欺のリスクが高まる。個人情報の管理につとめ、怪しい事業者には近づかないなど、被害を最小限にする工夫がそれぞれ必要になるね。

『知識ゼロからのフィンテック入門』もくじ

第1章

フィンテックはなぜ生まれたの？

インターネットの普及や金融機関の破綻をきっかけに、
アメリカで誕生したフィンテック。
今ではベンチャーと金融機関が手を取り合って、
より便利な金融サービス作りを目指している。

海外で生まれ、人気のフィンテックサービス。日本は遅れているって本当？

「フィンテック」って、よく聞くけれど……。ひとことで表すとどんなもの？　どこで、どうして生まれたの？

フィンテックは、金融を示す「Finance（ファイナンス）」と、ＩＴ技術を示す「Technology（テクノロジー）」を掛け合わせた造語。つまり、「ＩＴ技術を駆使した金融サービス」だ。

インターネットで買い物をする人が増えて「お金のやり取りも、もっと効率よくしたい」ということで、アメリカで「オンライン決済」が登場したのが黎明期。その後、リーマン・ショックをきっかけに発展したんだ。

リーマン・ショックって、世界的な金融破綻ですよね。それがどうして、フィンテック発展のきっかけに？

金融システムを作る優秀な技術者が大勢、金融機関を離れてベンチャー企業などに移り、独自に新しい金融サービスを作り始めたんだ。

◎リーマン・ショック

アメリカの大手証券会社・投資銀行リーマン・ブラザーズ・ホールディングスの破綻と、それに続いた世界的な金融危機。リーマン・ブラザーズは、低所得者向けの住宅ローン（サブプライムローン）の証券化商品を多く抱えていたが、２００７年の住宅バブル崩壊を受け、２００８年に経営破綻。このことは金融界に衝撃を与え、主要国の株式相場が暴落。金融不安や景気後退が起こった。

ユーザーへの影響も大きかった。ちょうどこの頃は、幼い頃からデジタルに親しんできた若者たちが台頭してきた時期。金融機関への不満に加え、オンラインで使いやすいサービスを求める人が増えたんだ。

ちなみに、この頃から現在まで、フィンテックの存在は少しずつ変化している。最初は、スタートアップやベンチャー企業が提供するものを指していたけれど、今では銀行やその他の事業会社もＩＴ技術を活用した金融サービスを作っているし、金融以外の業界にまで波及しているものもあるよ。

でも、日本では海外ほど普及していませんよね？　正直、私もあまり使っていないですし……。

フィンテックが海外で人気になったのは、既存の金融サービスが不便だったから。海外では、ＡＴＭから現金が出てこないことも珍しくないし、クレジットカードを作りたくても与信審査で落とされることが多い。銀行口座すら使わない人もいる。

日本では、そんなことはない。現状に困っていないから新しいサービスも広まりにくいというわけだ。

とはいえ日本でも今、企業と銀行が手を取り合ってより使いやすい金融サービス作りを進めている。そのうちフィンテックサービスがもっと一般的なものになり、誰もが利用するようになるはずだよ。

インターネットサービスの普及に伴い、新しい金融サービスが次々に誕生

オンライン決済が先駆け

インターネットでつながった個人や企業間の商取引が盛んになり、IT技術を活用した便利な決済サービスが求められるようになった。

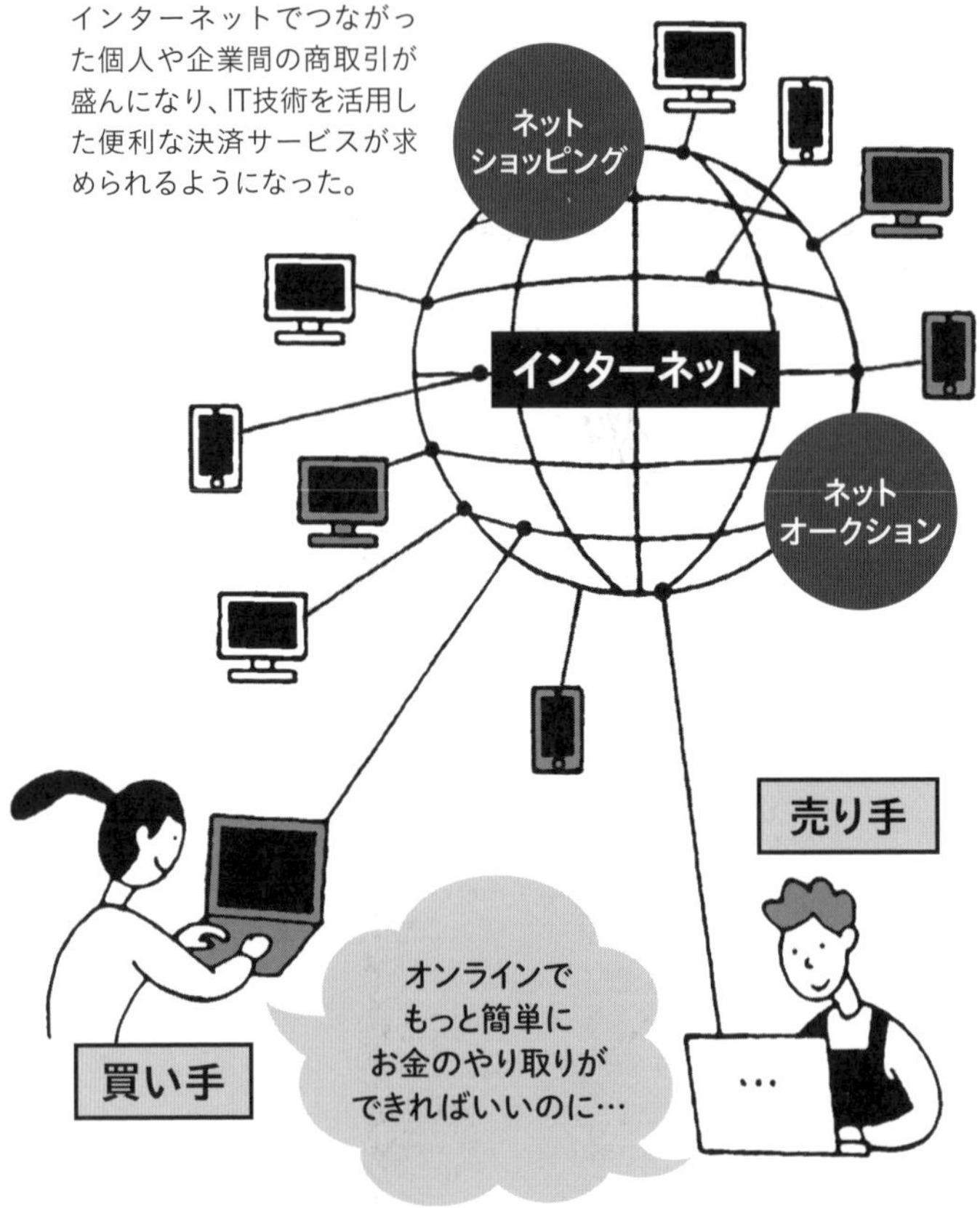

インターネットが普及した1990年代後半。ショッピングやオークションなど様々なサービスが生まれ、お金のやり取りもオンライン上でスムーズに行うことが求められるようになりました。

それに応える形で1998年に誕生したのが、オンライン決済のPayPal（ペイパル）。フィンテックの先駆けといわれています。

ネットショッピングで代金を支払うときは、カード番号などの個人情報を相手に教える必要があります。一方、銀行口座やクレジッ

● オンライン上の窓口で決済を行う「PayPal」創業

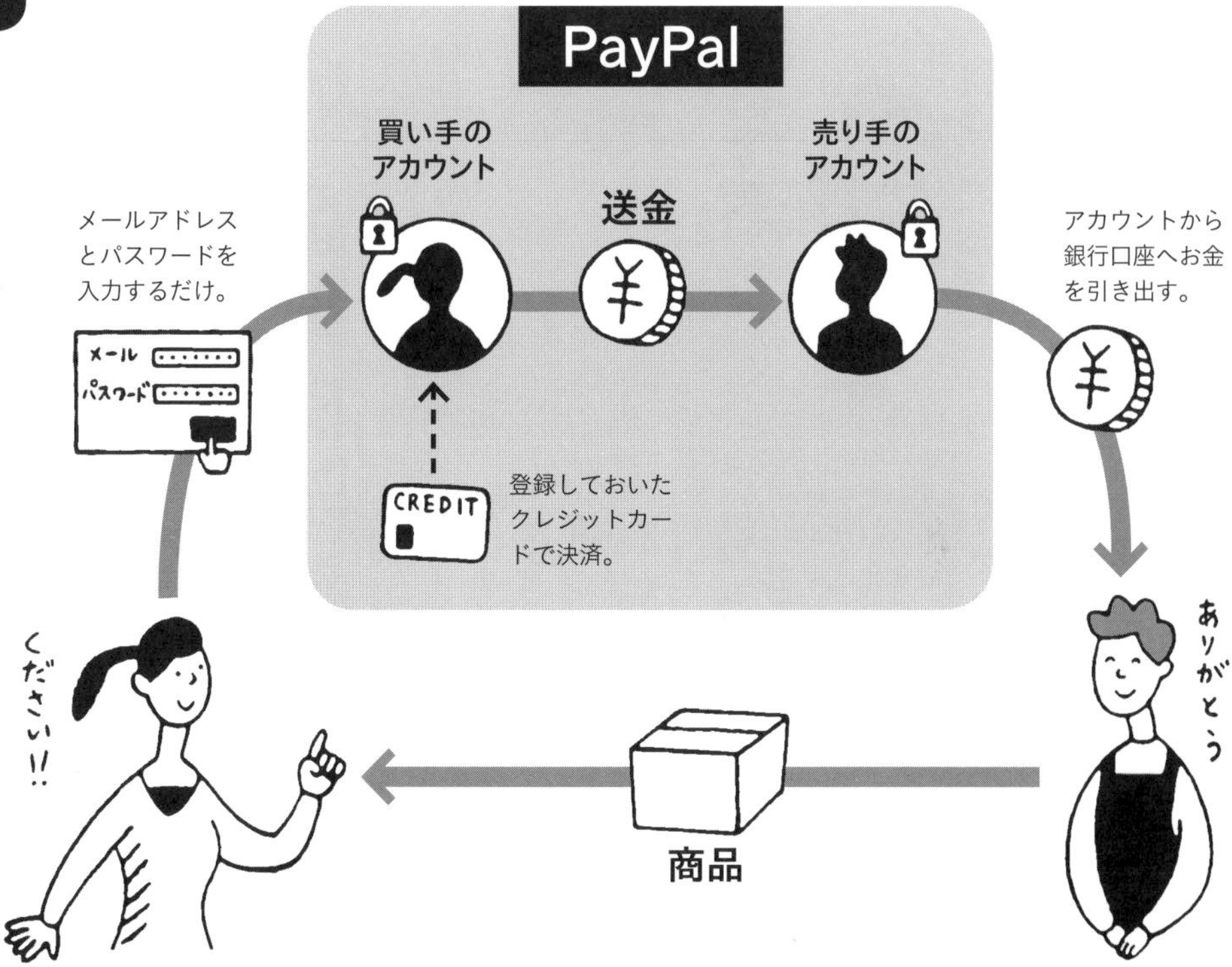

あらかじめクレジットカード情報を登録し、アカウントを取得。決済では、PayPal上の「自分のアカウント」から「売り手のアカウント」へ送金が行われる。売り手はアカウントから銀行口座経由で、お金を引き出す仕組み。

トカード情報を紐付けたPayPalのアカウントを取得すれば、アカウントを使って決済ができます。買い物のたびに個人情報を教える必要がなく、手軽かつ安全にお金のやり取りができるのです。

海外では、PayPalのアカウントを使って個人間で送金することも可能。世界中で多くの人が利用しています。

家計管理や融資にも拡大

決済に少し遅れ、家計の管理や融資といった金融分野でも、IT技術の活用が進みました。オンライン上で家計簿を自動入力できるサービスや、個人間のお金の貸し借りをマッチングするサービスなど。10年ほどの間に新しいサービスが続々と生まれました。

大手金融機関が破綻したことで、人々の〝金融機関離れ〟がさらに進んだ

消費者も業界人も愛想を尽かした

フィンテックの黎明期、すでに次々と新しいフィンテックサービスが誕生し始めていましたが、それに大きな影響を与えたのが、リーマン・ショック（p14）でした。

ユーザーは金融機関や既存のサービスに対する信用を失くし、それに代わるものを求めました。また、大勢の技術者が金融業界を去り、新天地で新しい金融サービス作りに取り組むことになりました。

技術も人もお金も集う街

以前は、金融の中心地といえば

ウォール・ストリートが有名でしたが、今ではシリコンバレーがそれに代わる存在となりました。

シリコンバレーは、カリフォルニア州近郊にある、半導体産業やIT企業などが密集するエリア。フィンテックの先駆けとされるオンライン決済サービスPayPal（p16）が、この地で創業してから現在に至るまで、「イノベーションの聖地」と呼ばれています。

金融サービスは形のない「お金」を扱う事業なので、創業に立地上の制約を受けることはあまりありません。革新的な技術や優れた人材を求めて、ベンチャー企業やスタートアップが集い、彼らを支援する投資家や事業会社も集まっています。この流れは今後も続くといわれています。

スマートフォンの使用者が増え、サービスの提供・利用がしやすくなった

3つの要素でさらに発展

1 デジタルに親しむ若者層に支持された

インターネットが普及した環境で生まれ育った最初の世代「ミレニアル世代」。デジタルに親しんでいるうえ、既存の権威を避ける傾向があり、金融業界に風穴を開けたフィンテックを、好意的に受け入れた。

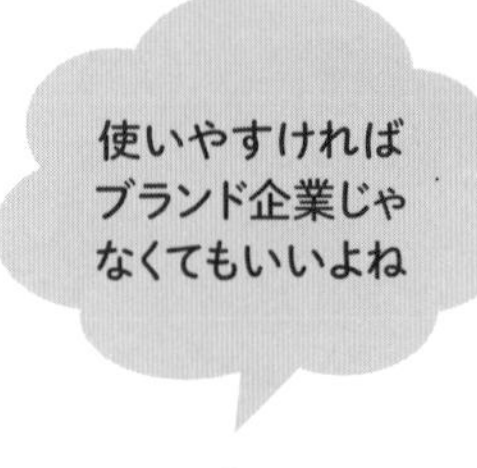

リーマン・ショック後、フィンテックサービスは、3つの要素をきっかけにさらに発展しました。

1つ目は、ユーザーから急速に受け入れられたことです。主なユーザーは、1980〜2000年代初頭に生まれた「ミレニアル世代」と呼ばれる若者層。幼い頃からデジタルに親しんできたため、金融サービスをオンラインで受けることにも抵抗がなかったのです。

2つ目は、スマートフォンの普及です。スマホを通じて、場所や時間の制約なしに誰でもフィンテ

② スマートフォンが普及した

ほとんどのフィンテックサービスは、スマホで利用できる。今ではスマホを保有する人は、世界全体で50億人超。決済や送金など、いつでもどこでも自由に金融サービスを利用できることは、大きな強み。

③ コンピューターの演算能力が向上した

演算能力が向上したことで、消費者が何にどれくらいお金を使っているか、どんなサービスを利用しているかといった膨大なデータの蓄積や解析が可能になった。それによって、消費者のニーズもつかめるようになった。

ックサービスを受けられるようになりました。内蔵カメラの精度や通信技術の向上でサービスの使いやすさがアップすると、利用者はさらに広がりました。

IT技術向上でニーズをつかむ

3つ目は、IT技術の向上です。コンピューターの演算能力が高まり、より多くの消費者の利用状況や通信記録を蓄積・解析できるようになりました。つまり、それによってニーズをつかみ、より便利なサービス作りに役立てられるようになったのです。

こうしたフィンテックサービスの盛り上がりを受けて、金融機関は、若年層の顧客の取り込みをフィンテック企業に頼るようになりました。

ステージ
1

すでにあった金融サービスがIT技術でより便利になった

金融機関の機能が分散した

金融には、決済、融資、送金、投資などの分野があり、それらの全てを、銀行や証券会社といった金融機関が行っていた。金融業界は厳しい規制で守られ、他業界の企業が行うことは難しかった。

フィンテックが注目され始めてから現在まで、その存在は徐々に変化しています。変化は大きく4つのステージに分けられます。

最初のステージのフィンテックは、「すでにあった金融サービスをＩＴ技術で便利にしたもの」ととらえられます。

金融には、決済や融資など様々な分野があります。フィンテックが登場する以前は、これらの全てを金融機関が担ってきました。金融業界は「お金をサービスとして扱える唯一の業界」として、厳し

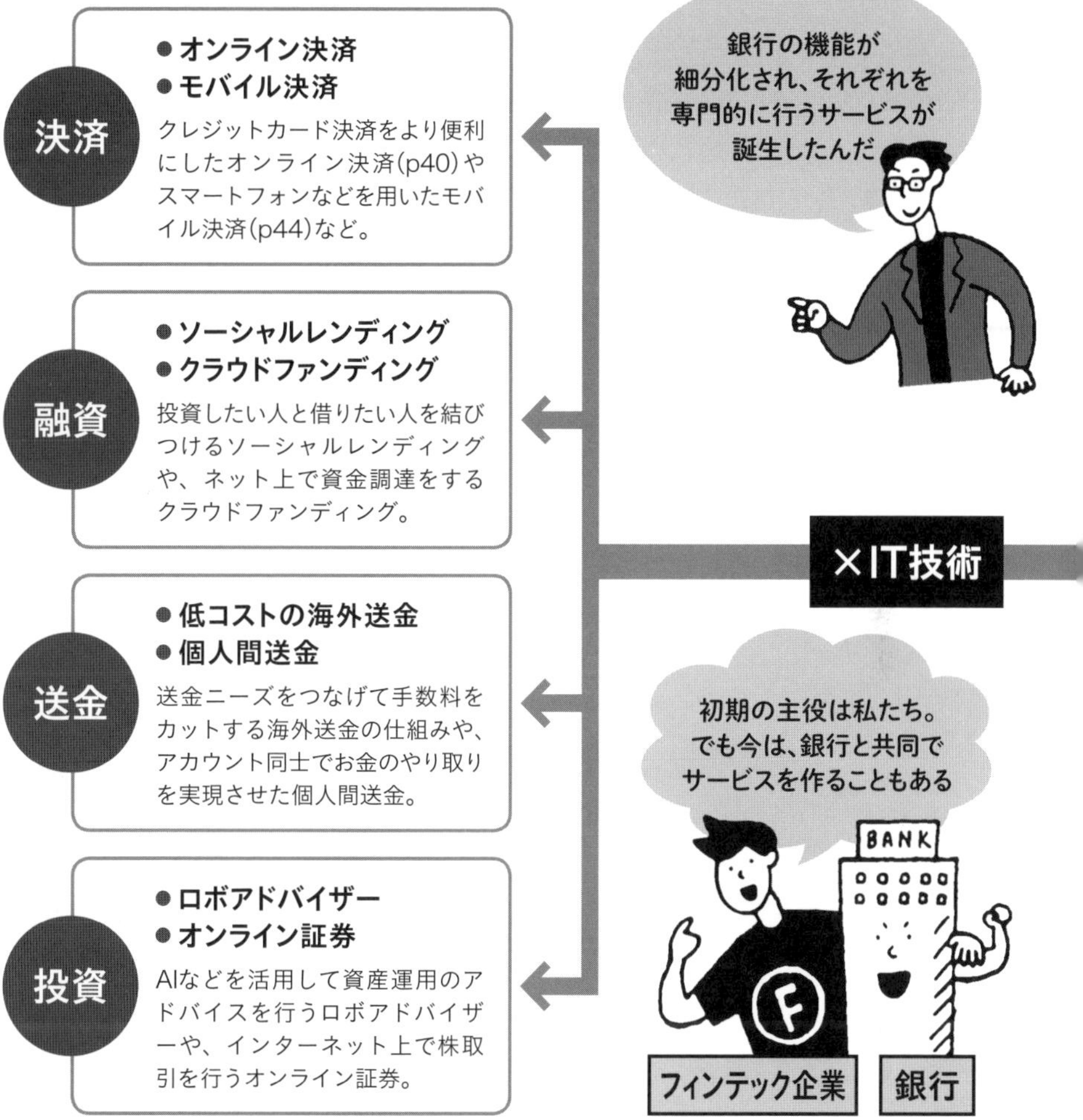

い規制があり、業界外の企業が参入しづらかったのです。

金融サービスを個別に行う

フィンテックが注目され始めた初期の頃に起こったのは、ベンチャー企業やスタートアップが主役となって、IT技術を駆使し、これまで金融機関が担ってきたそれぞれの金融サービスを、個別に行うようになったことでした。

例えば、フィンテックの先駆けとして知られるPayPal（ペイパル／p16）は、金融のなかでも「決済」に特化したサービスとして登場しました（のちに送金なども可能に）。同じように、融資や送金といった他の分野でもIT技術の活用が進み、それぞれ独自のサービスが生まれました。

ステージ
2

これまで存在しなかった新しい金融サービスが登場した

いろいろな悩みをITで解決

お金にまつわる「もっと○○だったら便利なのに」といった消費者の悩みや希望を、IT技術を使って解決しようというのがフィンテックの根本。貯金や割り勘など、いわゆる「金融」とは外れたものも含まれる。

ＩＴ技術の進化は、既存の金融サービスを充実させるだけにとどまらず、それまでの金融業には存在しなかった〝斬新なサービス〟を実現させました。これは、お金にまつわる消費者の様々な希望や悩みを、ＩＴの力で解決しようとしたもの。フィンテックの変化の第2ステージととらえられます。

最も有名な例として、「仮想通貨」があります。仮想通貨は、発行者や管理者を持たず、利用者皆で管理する「新しいデジタルのお金」として注目されています。そ

●新しいサービスの例

国や銀行が関わらない“新しい通貨”

仮想通貨

暗号技術によって実現した、電子的な取引を行うことができる新しい通貨。日本円や米ドルといった法定通貨と異なり、発行主体や管理者がいないこと、全ての取引が大勢の人によって監視されていることが特徴。有名な「ビットコイン」のほか、様々な種類がある。

保険金を“割り勘”する

わりかん保険

がんと診断された契約者がいた場合、一律80万円の保険金が支払われ、翌月にその他の契約者全員で、支払総額と手数料を均等に負担。がんになった人がいなければ保険料を支払う必要がない。契約者同士で助け合う仕組みは「P2P（ピア・ツー・ピア）保険」と呼ばれる。

知らない間に貯蓄ができる

自動貯金アプリ

銀行口座と連携し、アプリケーションで設定したルール（条件や金額）通りに、自動的に貯金するもの。例えば、毎日一定の金額を貯める積立型や、設定した条件に応じて任意の金額を貯金に回すものなど、いろいろなタイプがある。

小銭がなくても大丈夫

割り勘アプリ

アプリケーションを使って、現金を使わずに割り勘を行うもの。立て替えた人は、アプリから送信先を選んで請求し、請求を受けた人もアプリを通じて支払う。残高は銀行口座から現金として引き出せる場合と、電子マネーでしか使えない場合がある。

の仕組みを可能にしたのが、ブロックチェーンと呼ばれるIT技術でした。

ユニークなサービスが続々と

他にも、仲間内での割り勘や、個人の貯金を手助けするアプリケーションなど、まさに「かゆいところに手が届く」ような、ユニークなサービスも登場しました。

これらのサービスは、決済や融資といった既存の金融分野でのフィンテックサービスに比べると、爆発的に普及しているわけではありません。しかし、デジタルに親しむ若者層や、金融に対する意識が高い人たちを中心として、少しずつ利用者を増やしています。今後、徐々に一般的なサービスとして定着していくと考えられます。

ステージ 3

大きなIT企業やテクノロジー企業が、独自の金融サービスを始めた

意図せず金融サービスが誕生

大きなIT企業が、本業を充実させるために、金融サービスをスタート。大企業ならではの大きな顧客基盤やキャッシュレス化など、金融サービスを始めやすい環境が背景にある。

フィンテックが注目され始めた当初は、ベンチャー企業やスタートアップがフィンテックサービスの制作や運営を担っていました。

しかし現在では、AmazonやFacebook、メルカリなど、大きなテクノロジー企業が参入。自社の顧客向けに、独自の金融サービスを展開しています。大企業としてすでに大勢の顧客を持っていることや、キャッシュレス化が進んだことから、異業種でも金融サービスを始めやすくなったのです。

フィンテックを担う〝プレイヤ

●大企業が始めた金融サービスの例

メルカリが始めた決済サービス

メルペイ

フリーマーケットのアプリケーション「メルカリ」を使った決済サービス。メルカリの利用で得た売上金でポイントを購入。ポイントは、メルカリ内での買い物に使ったり、メルペイに対応している店舗（コンビニ、飲食店、ドラッグストアなど）で利用できる。

Amazonが始めた融資サービス

アマゾンレンディング

アマゾンマーケットプレイスに出店している法人の販売事業者を対象とした融資サービス。
融資の際は、取り扱っている商品の販売状況や在庫循環、顧客の評価といった「販売データ」をもとに審査を行う。

ー」が変わったという点から、第3ステージととらえられます。

サービス誕生の背景も特徴的

サービスが作られた背景も特徴的です。

これまでは、「金融サービスを作る」こと自体が目的とされていましたが、第3ステージのフィンテックは、テクノロジー企業が、本業のサービスをもっと利用しやすくするために作ったものです。

例えば、Amazonが始めた融資サービスや、Facebookの送金サービス、メルカリの決済サービスなどは、いずれも本業である電子商取引やSNS、フリマアプリをより広く利用してもらうために、補助的に提供しているサービスといえます。

ステージ 4

建設業や不動産業など、規制の厳しい他業界まで波及

フィンテックの周辺環境が整備された

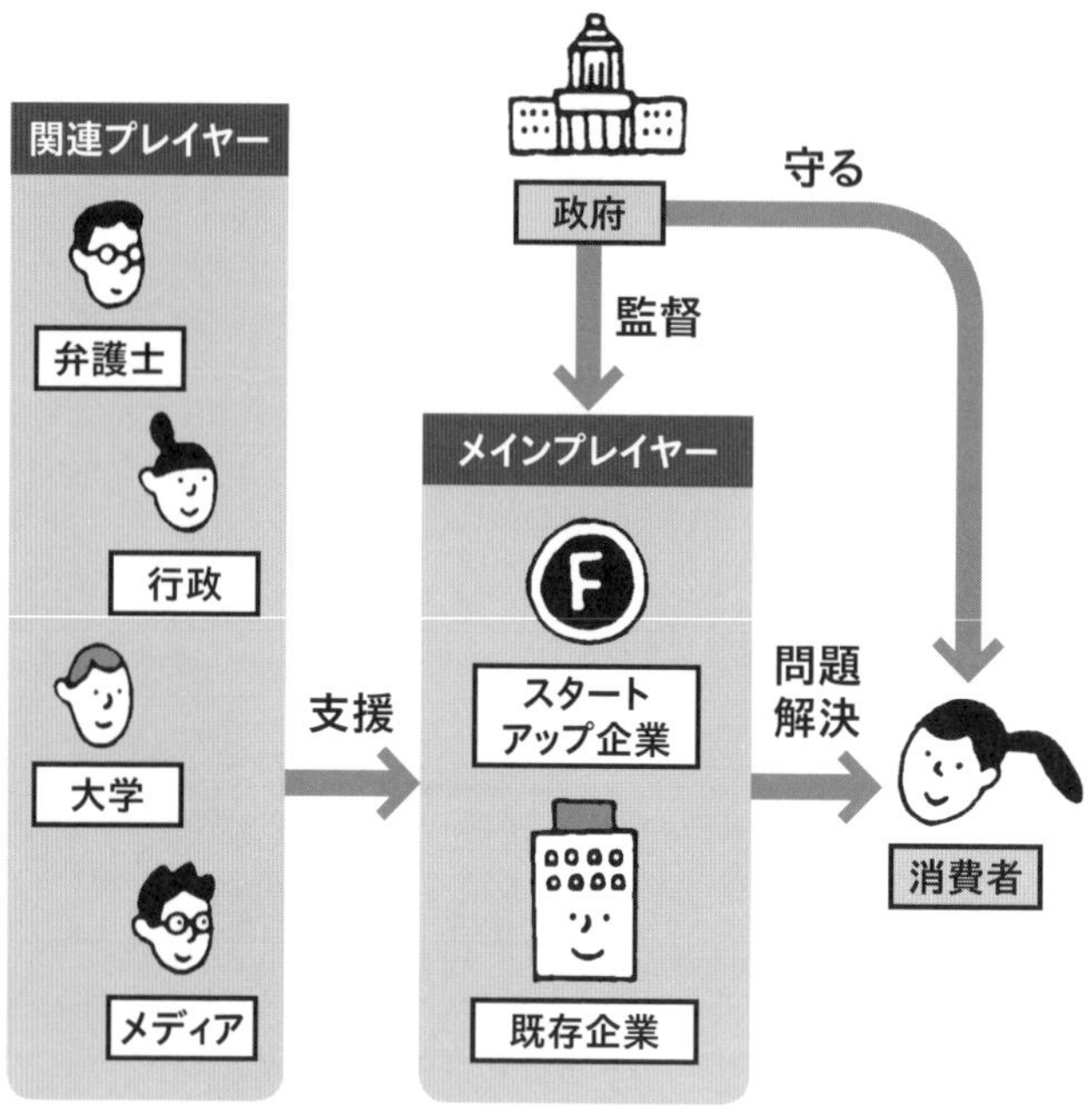

フィンテックサービスを提供する企業だけでなく、出資者や技術者、消費者を守るために監督を行う政府など、サービスの運営・発展を支える環境が整った。

現在、様々な産業でＩＴ技術の活用が進み、「メドテック（医療）」や「インステック（保険）」といった「〇〇テック」が注目されています。これらは総称して「X-Tech（クロステック、エックステック）」と呼ばれます。

一見フィンテックとは関係がないようですが、例えば、コンテック（建設）における「工事代金をチャージできるプリペイドカード」や、プロップテック（不動産）における「住宅ローンの融資サービス」など、フィンテックと

規制分野で進むクロステック

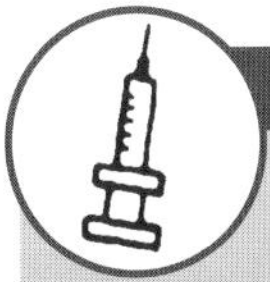

医療 MedTech（メドテック）

ヘルスデータの連携で医師と患者をつなぐ

紙のカルテを電子情報に置き換えた「電子カルテ」に始まる。海外では、自分の健康データを医師と共有したり、オンラインで受診予約をしたり診断を受けられるサービスもある。

建設 ConTech（コンテック）

現場と職人のマッチングが活況

建設現場への技術者の派遣や工事請負など、主に現場と働き手をつなげる部分でIT技術を活用。双方のニーズに合わせて建設現場の仕事を受発注できるマッチングアプリなどがある。

保険 InsTech（インステック）

企画から提案、販売までオンラインで

IT技術を活用し、新たな保険商品の開発や、契約・査定といった業務プロセスを効率化。身体に装着した端末からヘルスデータを採取し、それをもとに保険料を決めるサービスなどがある。

不動産 PropTech（プロップテック）

物件の売買・契約のほか民泊サービスも

分譲・賃貸のほか、内覧や登記といった取引など、不動産関連の各シーンに対してIT技術を活用。自宅の一部を貸す「シェアリング・エコノミー型」のサービスもこれに含まれる。

重なる部分があります。他業界に波及した、第4ステージのフィンテックといえます。

フィンテックが良い前例に

クロステックが生まれている分野としては、医療や建設、不動産、保険などがあります。これらは消費者の〝生命〟に関わる産業なので、それぞれ厳しい規制が存在します。規制が厳しいと、新しい企業の参入や技術の活用が難しく、競争や淘汰が起こりづらいため、イノベーションが進みにくいという共通点がありました。

金融業界でフィンテックに関する周辺環境が整備され、革新が進んだことは、他の産業で同じようにイノベーションを進めるうえでの良い前例となっています。

日本では、現状の金融サービスが充実。新しいサービスはゆっくり広まる

日本でフィンテックサービスが作られ始めたのは2012年頃から。クラウド会計（p60）や家計簿アプリ（p56）など、様々なアプリケーションが続々と誕生しました。

しかし、フィンテックが爆発的に広まった海外に比べると、日本でのフィンテックの普及は緩やかです。最大の理由は、現金中心の社会が便利でユーザーが満足しているため、新しいサービスのニーズが少ないことが挙げられます。

国民の生活水準や学歴が大体揃

普及しづらい4つの理由

理由その1

教育や経済状況などの水準が揃っている

外国に比べると、各家庭や個人の生活水準が比較的揃っており、貧富の差が少ない。クレジットカードの取得や融資などの金融サービスも問題なく受けられることが多く、不満が起こりづらい。

理由その2

規制が厳しいため言語対応に時間がかかる

金融業は、日本独自の法律で細かく規制されていため、海外の法律に合わせて作られたサービスを、そのまま持ち込むことができない。日本用に改変しようとしても、言語対応に時間がかかり、難しい。

理由その3

現状が便利なのでニーズがない

「故障のないATM」や「偽造の可能性が低い紙幣」など、現金を中心とした社会が問題なく回っており、既存の金融機関に対する信用が厚い。現状に困ることが少ないため、新しいサービスへのニーズがない。

理由その4

サービスに対して求めるレベルが高い

日本では、ちょっとしたシステムの不具合や、操作性の悪さも見過ごされず、厳しく評価されてしまう。海外で作られたフィンテックサービスではそういったトラブルも少なくないため、日本では受け入れられにくい。

っているため、金融機関も与信審査をスムーズに行うことができます。こうした業務を助けるフィンテックは海外では人気ですが、日本での需要は少ないのです。

海外発サービスも普及しづらい

また、海外で作られたサービスが日本で普及しづらいことにも理由があります。

まず、金融に関わる日本の法律に対応させる必要があります。さらに、日本人はサービスに求める質のレベルが高いため、海外のサービスによく見られるような細かい不具合や操作性の悪さが受け入れられないという事情があります。

ただし、今後は銀行が関わってくることで、加速的に発展する可能性があるといわれています。

金融機関とIT企業が手を取り合って、より便利なサービスを作り出している

脅威から協業路線へ

Step 1 破壊

新サービスが既存の金融の機能をバラバラに

既存の金融サービスに代わる新しいサービスを専門的に提供する企業が現れたことで、これまでの金融の機能がバラバラにされ、金融業界に大きな変革をもたらした。

Step 2 脅威

スタートアップの存在に金融機関は戦々恐々

銀行や証券会社といった既存の金融機関は、顧客を奪われる不安から、フィンテックサービスを提供するベンチャー企業やスタートアップを脅威ととらえた。

フィンテックが注目され始めた当初、サービスを提供するスタートアップやベンチャー企業は、金融機関にとって脅威とみなされました。

銀行は近年、来客数が減って顧客との接点が少なくなったことから、消費者のニーズをつかむことが難しくなっていました。そこへ、消費者が求める金融サービスをピンポイントで提供するフィンテック企業が台頭したことで、顧客が奪われるのではないかと恐れたのです。

Step 3 協業

互いの強みを持ち寄り、より良いサービス作りを始めた

フィンテック企業はIT技術を提供し、銀行は銀行口座とアプリケーションの連携に必要なAPIを公開するなど、互いの強みを持ち寄って、より便利なフィンテックサービスを作るべく協業するようになった。

Step 4 再定義

お金や信用の定義が揺るぎ始めている

フィンテックが普及して金融が身近なものになってきたことや、仮想通貨などの新しいサービスが登場したことで、既存のお金や金融の定義が揺るぎ、個人が考えて行動しなければならない段階にきている。

お金や金融を考える時代に

現在、銀行は、民間企業の〝顧客の利便性を高めようとする姿勢〟を学び、積極的にIT技術を取り入れようとしています。

フィンテックについて調査や研究を行う部門を立ち上げたり、APIの公開（p112）によって企業との連携をはかったり。フィンテック企業と協業し、より良いサービス作りに力を入れています。

一方、こうしたフィンテックの発展により、「金融」や「お金」は消費者にとって身近なものになってきました。「そもそもお金とは何か」「お金とどう付き合っていくか」といった根本的な問題について、皆で振り返り、考えて行動する時代がきています。

◆日本のフィンテックはどうなっている？③

フィンテックの普及に向け、法改正も。これからの発展が期待されている

金融業には厳しい法規制が存在し、これが日本でのフィンテックの普及を妨げていると見る向きもあり、２０１６年から2年連続で銀行法の改正が行われました。

注目すべきは、２０１７年に成立した電子決済等代行業者に対する登録制の導入、及び銀行に対するオープンＡＰＩの努力義務。

問題となったのは、家計簿アプリなどの「口座管理サービス」や、インターネットを通じた「電子送金サービス」の仕組みです。企業がユーザーの口座にアクセスして

2017年の法改正の概要

●改正前の体制

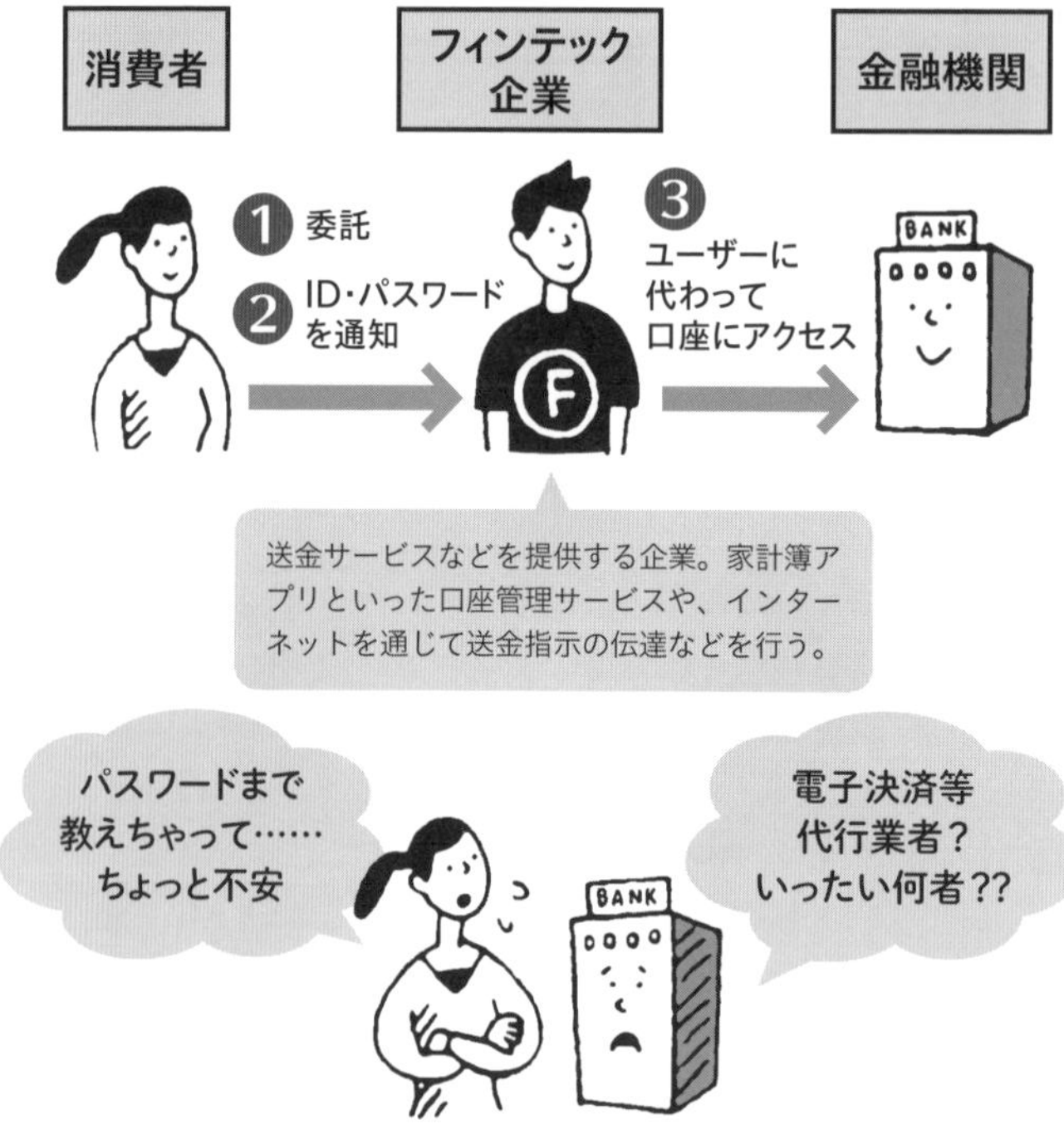

企業は、無登録で事業を行うことが可能。ユーザーから預かった重要情報の取り扱いについてもルールが設けられていなかった。

●改正後の体制

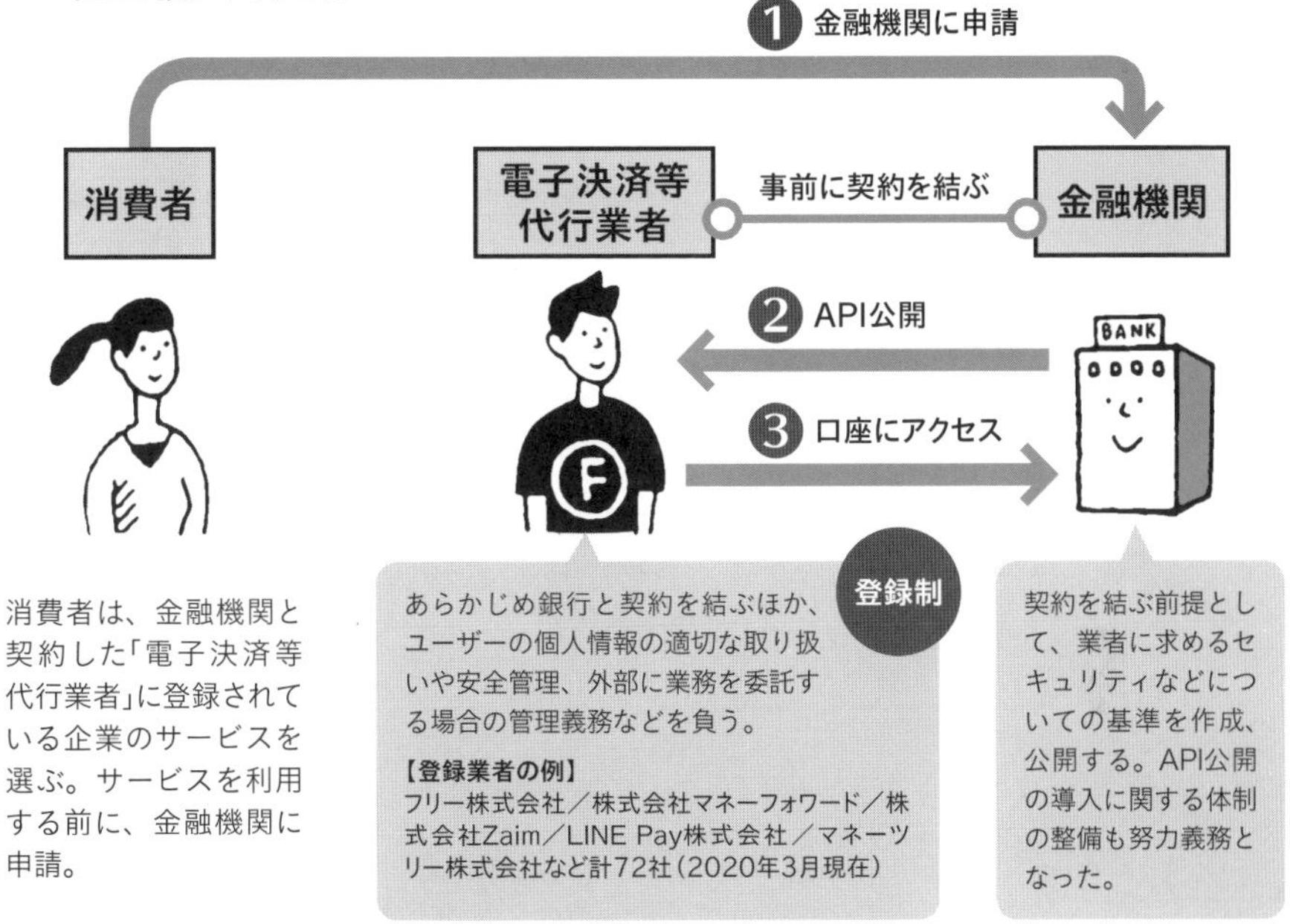

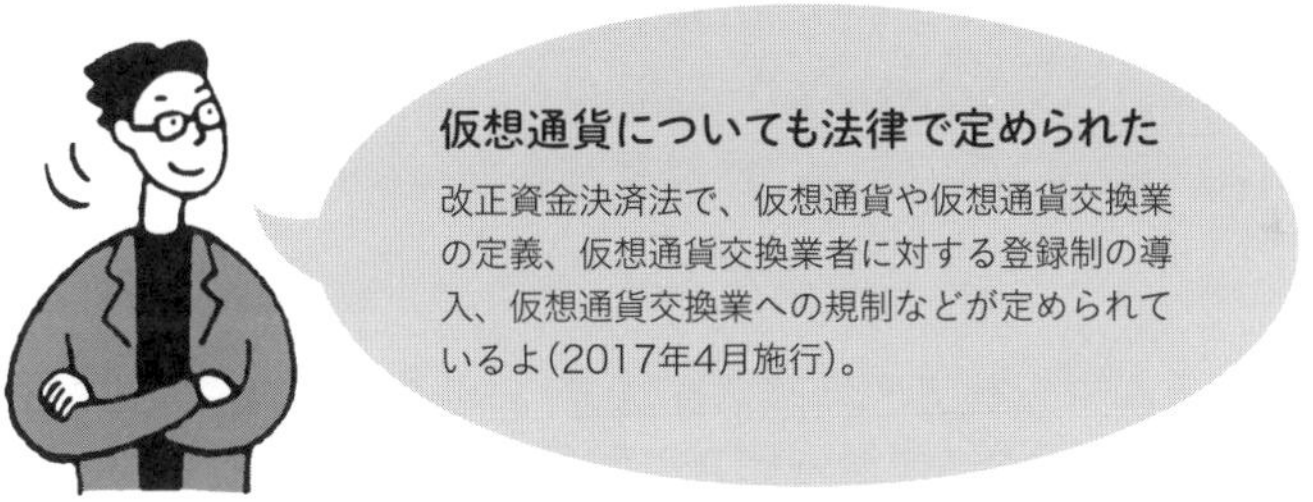

いたため、情報漏洩などのリスクを伴いました。

改正法では、これらのサービスを行う企業を「電子決済等代行業者」と定義して登録制に。銀行と電子決済等代行業者が安全に連携できるよう、銀行に対してＡＰＩの公開を努力義務としました。

法整備も検討されている

他にも、金融庁が関連法の整備を検討しているといわれます。決済や送金などのサービスについては、提供元によって複数の法律が混在していますが、それらを一本化しようというものです。実現すれば、同じ法律のもと、銀行やインターネット事業者がますます連携しやすくなり、フィンテックの普及が進むと考えられます。

1分でわかる!

第1章のおさらい

わかった!

インターネットで買い物をする機会が増え、「お金のやり取りをもっと便利にできればいいのに」と思う人が増えた。

わかった!

リーマン・ショックで、消費者は金融機関への不信感を募らせ、それに代わる存在を求めた。

わかった!

リーマン・ショックで、優秀な技術者が金融機関を離れ、新しい金融サービスを立ち上げた。

わかった!

スマートフォンやパソコンの技術が発展し、人々が新しい金融サービスを受けやすくなった。

わかった!

既存の金融サービスが便利になっただけでなく、新しいサービスも誕生。この波は、他業界にも広がっている。

わかった!

日本のフィンテックはこれからが本番。金融機関とベンチャーが手を取り合ってサービスの発展に乗り出している。

第 2 章

どんなサービスがあるの？

決済から送金、融資、投資、家計管理……。
既存の金融サービスが、IT技術によって大きく変化。
さらに、「仮想通貨」「前払い・後払い」など、
これまでなかった新しい発想のサービスも登場している。

お金を使ったり、借りたり、管理したり。様々な分野でサービスが展開されている

フィンテックが、金融とＩＴ技術の融合ということはわかりました。でも、そもそも「金融」って何でしたっけ？

金融は、狭い意味では「お金を融通すること」、広い意味では「お金の流れ」を指すけれど、フィンテックで語られる「金融」は後者だ。

具体的には、お金を使う（決済や送金など）、借りる（ローンや融資など）、殖やす（投資や資産運用など）、管理する（家計・財務管理、貯金など）といったもの。これらをＩＴ技術で便利にしたのがフィンテックだね。

「便利にした」というと……身近な例を教えてください。

例えば、最近よく耳にする「モバイル決済」（ｐ44）は身近なフィンテックの代表格。PayPayなどいろいろな種類があるね。本来ならレジで現金を渡してものやサービスを買うけれど、モバイル決済ならスマホのアプリでＱＲコードを読み取るだけ。代金はアプリに紐付けたクレジットカードや銀行

【身近な金融サービス】

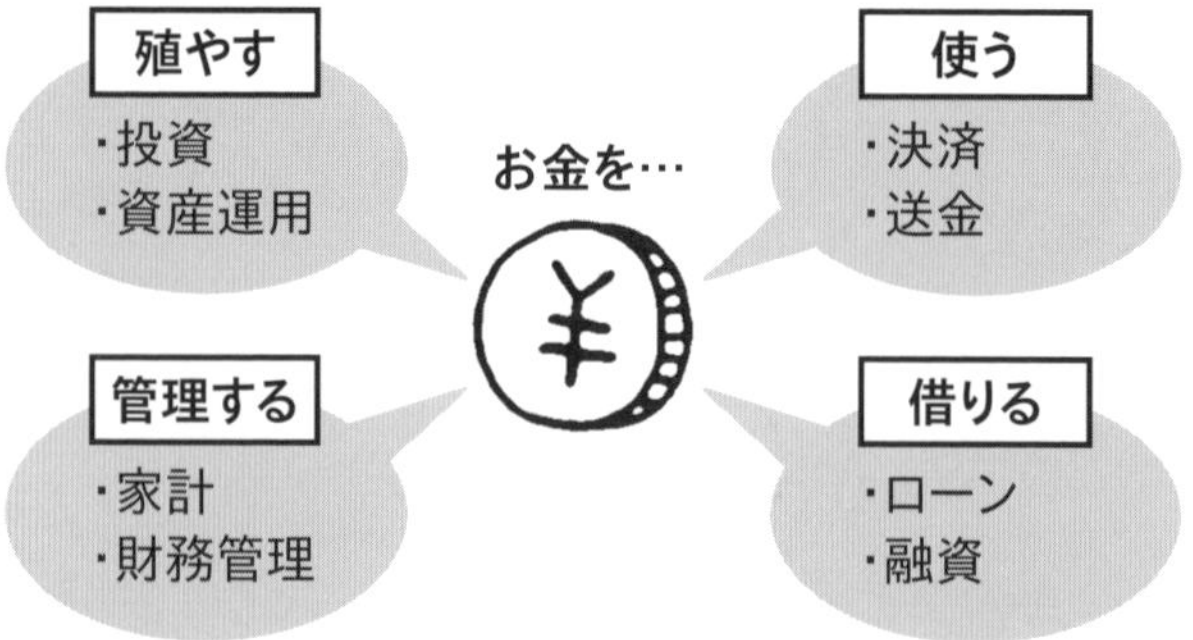

口座から引き落とされるから、現金を持っていなくても買い物ができる。

これまで、現金がないときはクレジットカードを使えばいいと思っていました。でも、カードの現物を渡したり暗証番号を入力しなくていいから、クレジットカードよりさらに便利になったというわけですね。

そうだね。決済に限らず他の分野でも、フィンテック登場前にある程度デジタル化は進んでいた。でも、フィンテックによって劇的に便利さが増した。しかも、例えば融資の分野では、今まで融資を受けられなかった人も資金調達ができるようになるなど、新たな可能性も見えてきたんだ。

少し前から話題になっている「仮想通貨」も、フィンテックですよね？

仮想通貨は、既存の金融にはなかった新しいサービスで、これもフィンテックに数えられる。同じように新しいものとしては、給与の前払いや、購入代金の後払いを可能にしたサービスが活況だ。

モバイル決済のように消費者が直接的に利用するものではないけれど、金融機関の業務やセキュリティを支援するサービスも忘れてはならないね。

また、最近は保険や不動産業界でもＩＴ活用が進んでいるけれど、金融と重なる部分が多く、他業界に波及したフィンテックととらえられるよ。

◆お金を使う（決済）①

ネットショップでのやり取りに欠かせない。売り手と買い手をつなぐ「オンライン決済」

オンライン決済の種類

「オンライン決済」とは、インターネット上で行われる決済で、様々な種類があります（上図）。

　フィンテックの先駆けとして登場したオンライン決済サービスは、こうした既存のオンライン決済をサポートするもの。消費者にとってはカード情報などを教えなくても決済できるといった利点があります。

　一方、店舗側の利点も注目されています。オンラインショップを展開する際、複数のカード会社と契約したり、与信・承認やお金の

●ネットショップでは決済代行業者を利用する場合が多い

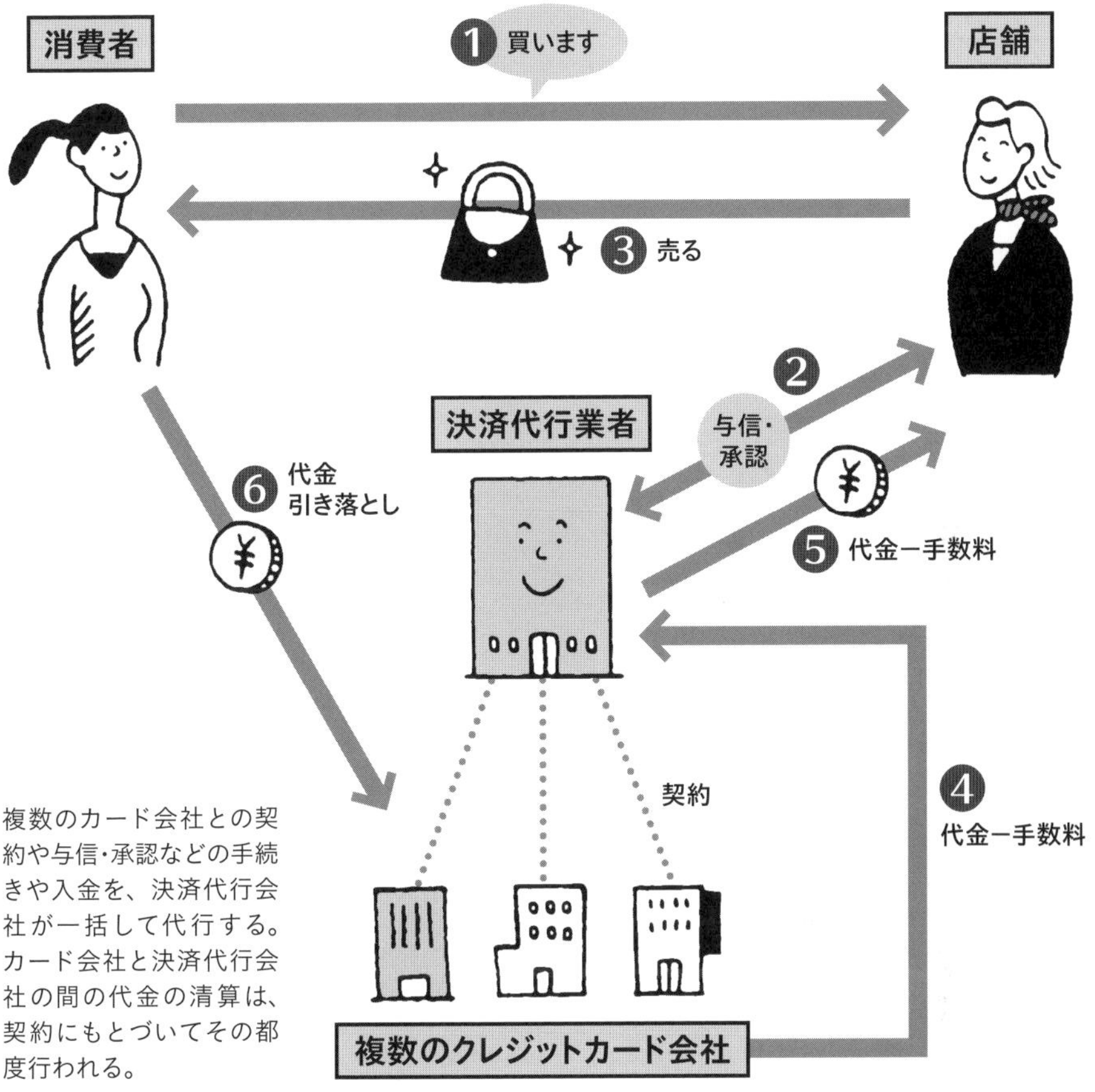

複数のカード会社との契約や与信・承認などの手続きや入金を、決済代行会社が一括して代行する。カード会社と決済代行会社の間の代金の清算は、契約にもとづいてその都度行われる。

オンライン決済の主なサービス

PayPal
（PayPal Holdings Inc.）
https://www.paypal.com/jp/home

決済を行うには、消費者も店側もPayPalアカウントが必要。導入店舗のアカウントへの入金は即時行われる。取引履歴をアカウント内で一括管理し、ダウンロードすることもできる。

Stripe
（Stripe）
https://stripe.com/jp

ウェブサイトやモバイルアプリ内に簡単なコードを組み込むことで、同一画面内で決済機能を追加することができるもの。アカウント開設が比較的簡単で、決済手段が多いのが特徴。

やり取りをその都度行うのは大きな負担がかかります。そのため、店舗と消費者、カード会社の間に入って煩雑な作業を代行してくれる存在として、フィンテックサービスが注目されています。

作るのも、使うのも、お金の管理も簡単。若者に人気の「プリペイドカード決済」

クレジットカード決済の仕組み

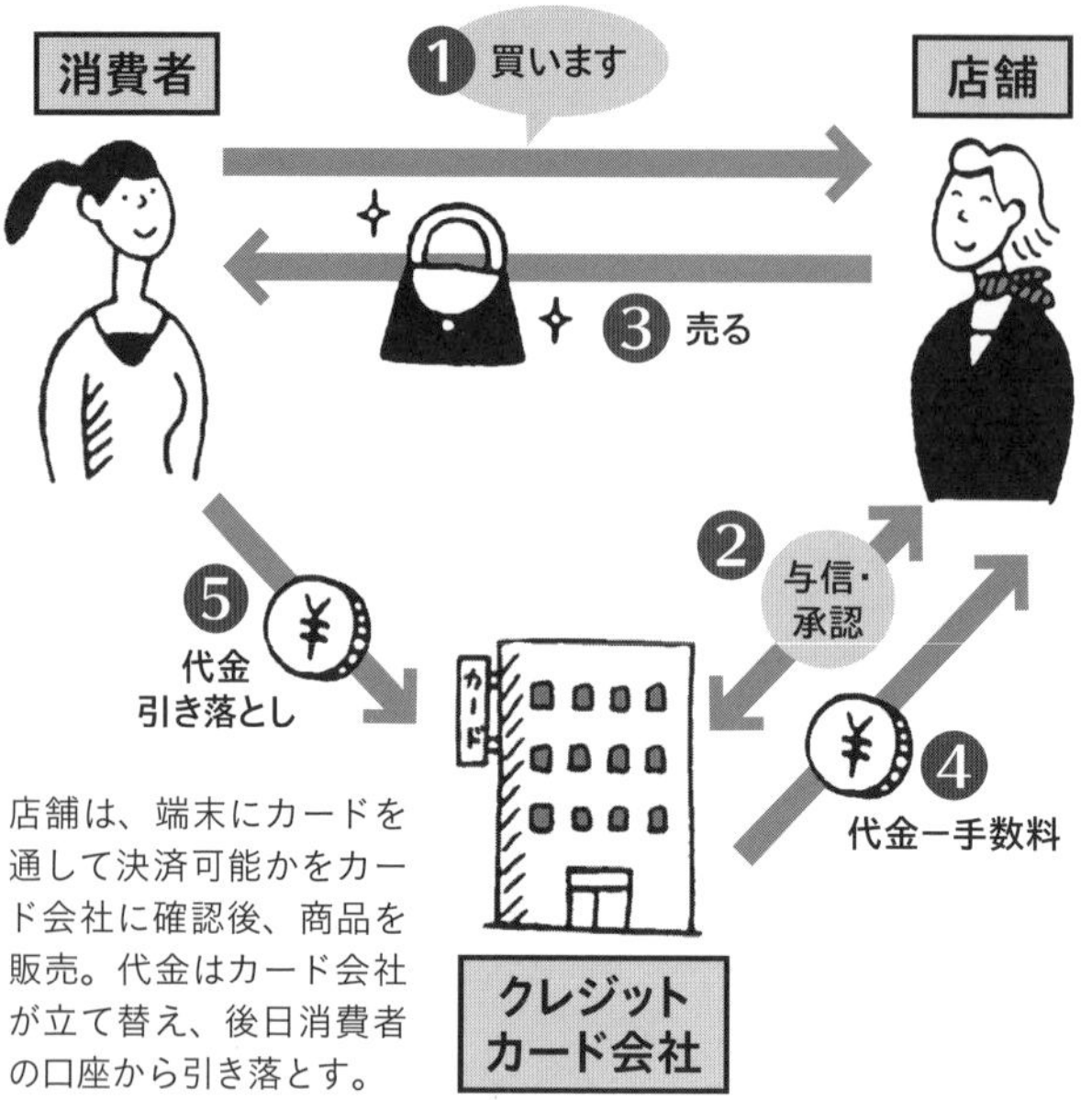

店舗は、端末にカードを通して決済可能かをカード会社に確認後、商品を販売。代金はカード会社が立て替え、後日消費者の口座から引き落とす。

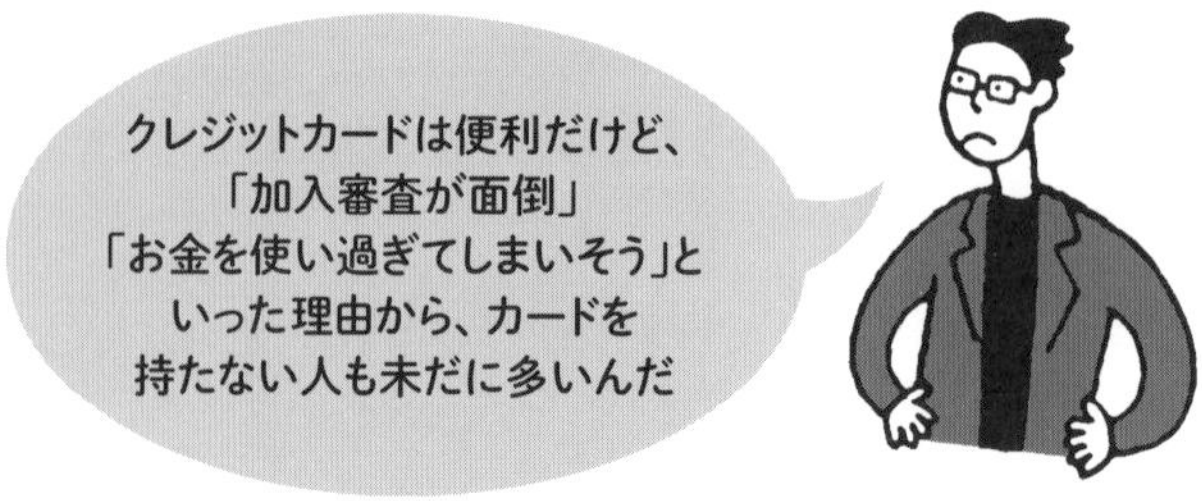

現金以外の決済手段といえばクレジットカードが挙げられますが、意外に多いのが、プリペイドカードを使った決済手段です。

カード会社が代金を立て替えるクレジットカード決済（上図）では、カードの発行に審査や年齢制限があります。一方、あらかじめ現金をチャージしてその範囲内で支払いをするプリペイドカード（左上図）は、審査なしで年齢にかかわらず持つことができます。

フィンテックの決済サービスには、このプリペイドカードをスマ

プリペイドカード決済の仕組み

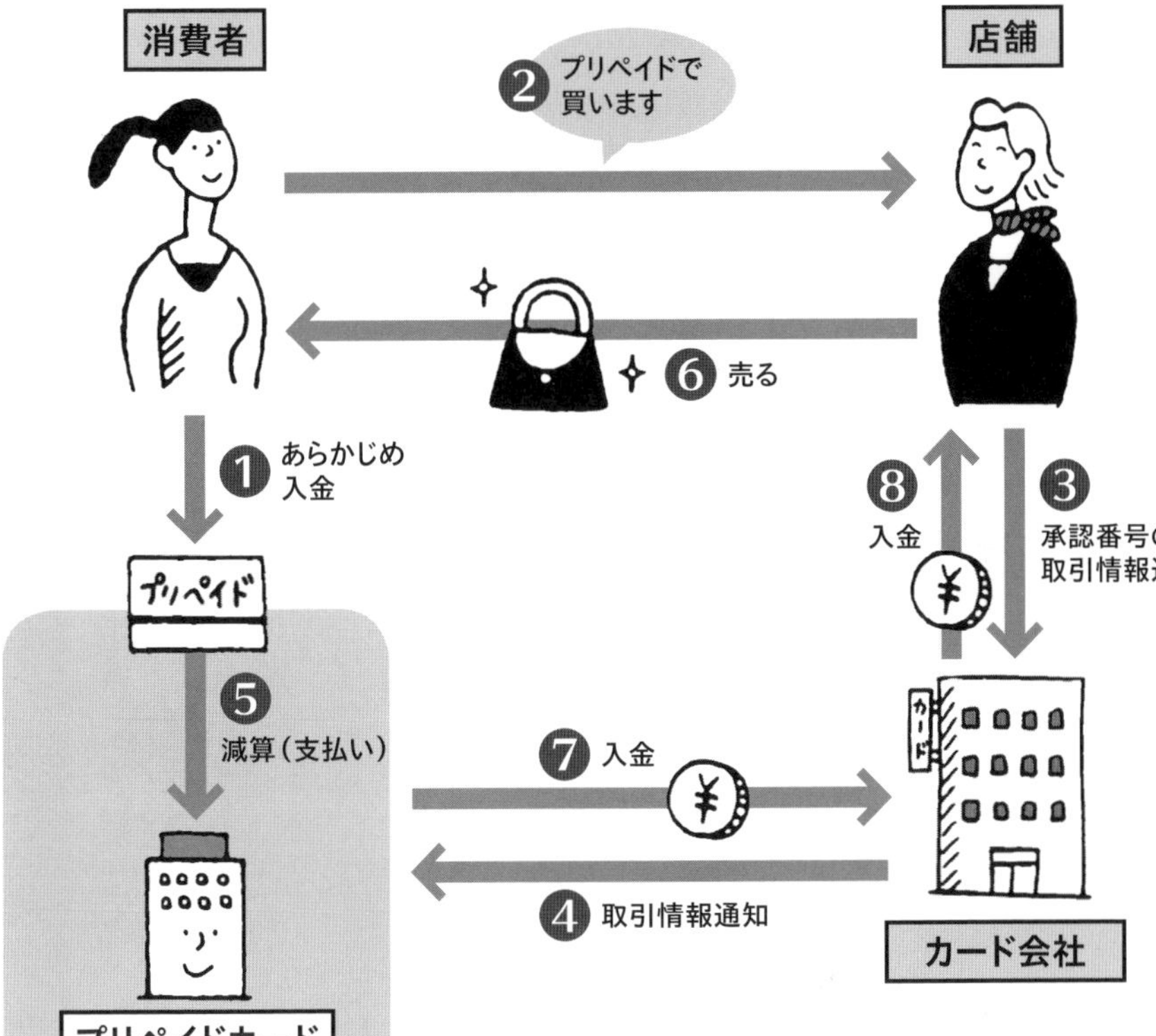

消費者はあらかじめプリペイドカードに現金や電子マネーをチャージ。その範囲内でクレジットカードと同じようにVisaやMastercardなどの加盟店で利用することができる。

ホアプリ化したものがあります。通常のプリペイドカードと同じように使うことができ、ネットショップでもクレジットカード決済と同様に利用することができます。さらに、ネット銀行をはじめ様々な方法で即時にチャージできる使い勝手の良さ、アプリ上で明細まで確認できる便利さから、若者を中心に利用者が増えています。

プリペイドカード決済の主なサービス

バンドルカード
（株式会社Kanmu）
https://vandle.jp

生年月日と電話番号の登録のみで、最速1分で発行されるVisaブランドのバーチャルプリペイドカード。カード番号や明細はアプリで表示され、チャージや支払い時には通知がくる機能も。オプションでプラスチック製のリアルカードの発行もある。

◆お金を使う（決済）③

売り手と買い手の利便性がともにアップ。スマホ1つで支払いができる「モバイル決済」

決済対応を簡単にするサービスが登場

複数の決済方法に対応するには、カード会社の加盟店審査や導入コストなどをそれぞれ考慮しなければならず、負担が大きかった。

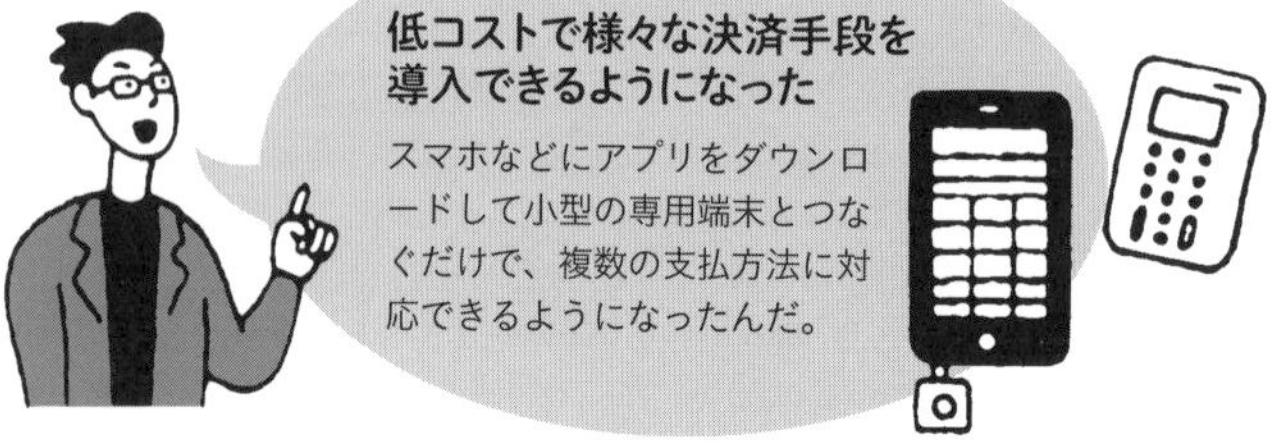

　モバイル決済は2種類に大別されます。1つは、店舗側のスマホなどの端末を読み取り機とし、様様な決済方法に対応させる店舗向けのサービス。現金以外の決済手段を望む声に応えて広がりました。

　もう1つは、スマホを決済手段として使えるようにする消費者向けのサービス。「〇〇ペイ」といった名前で、現金、カードに続く新しい決済方法として続々と登場しています。使用するとポイントが貯まるなどの特典も多く、今後利用者は増えると予想されます。

スマホで支払いができるように

● QRコード決済の例

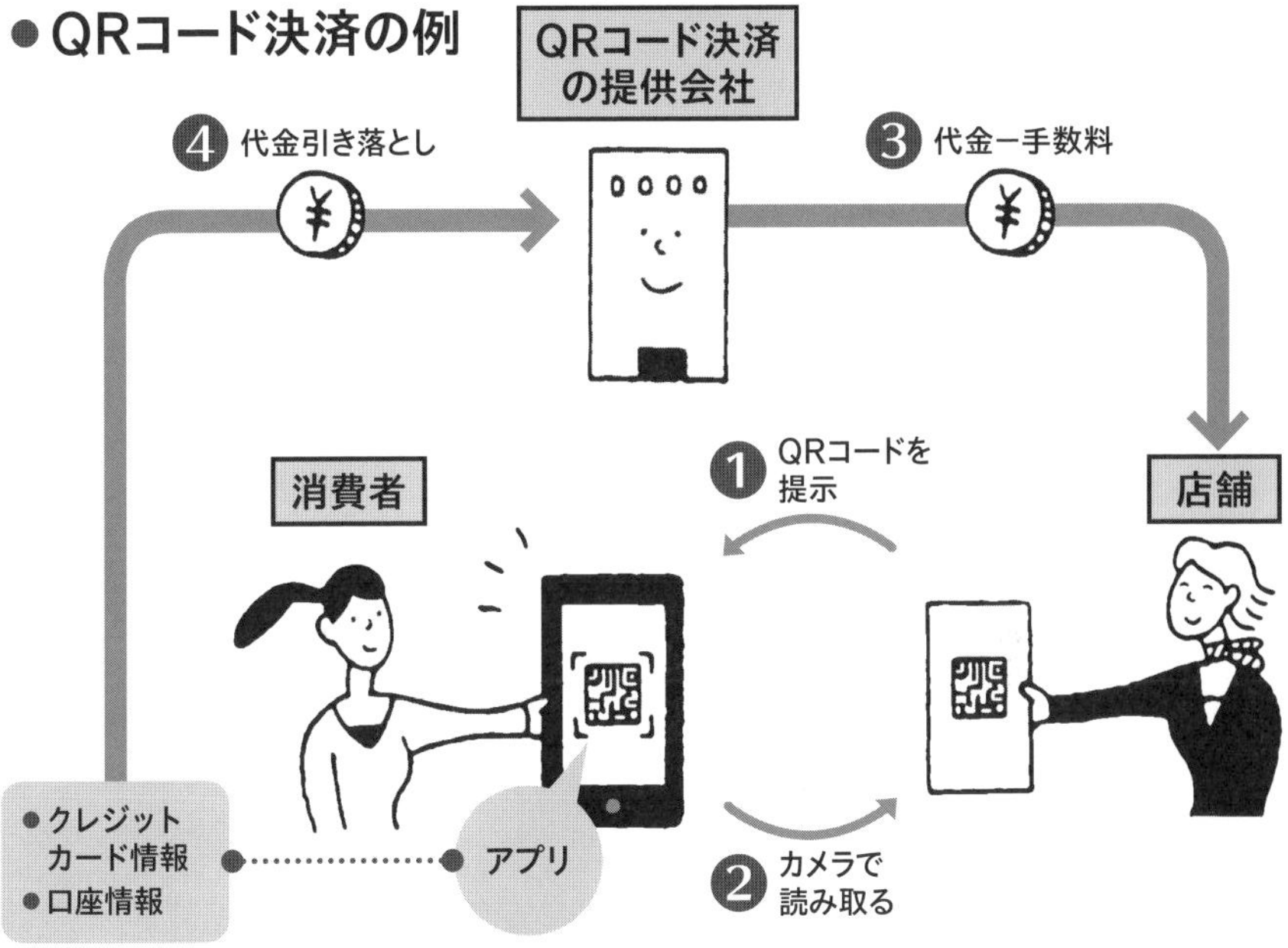

クレジットカードや銀行口座を紐付けたアプリから、レジでQRコードを読み取る。スマホにバーコードを表示させ、レジで読み込んでもらう方法も。決済サービスの提供会社が代金を立て替え、後日引き落とされる。

モバイル決済の主なサービス

店舗向け

Square
(Square, Inc.)
https://squareup.com/jp/ja

アプリでアカウントを作り、スマホやタブレットを専用の端末に接続することで、ICカードや磁気カードなど複数の決済対応を可能にするサービス。今後電子マネーへの対応も可能になる予定。

店舗向け

AirPAY
(株式会社リクルートライフスタイル)
https://airregi.jp/payment/

クレジットカードや電子マネーなど、対応できる決済方法が多いことで知られる。売り上げや在庫の管理、レジ締めなどができるアプリ「Airレジ」と連携させて使うこともできる。

消費者向け

PayPay
(PayPay株式会社)
https://paypay.ne.jp

スマホにインストールしたアプリに表示されるバーコードやQRコードを使って決済ができる。「Yahoo！ウォレット」の預金払い用口座に登録されている金融機関口座などからチャージする。

スカイプの技術を送金サービスに応用。為替手数料いらずで低コストの「海外送金」

通常、国をまたいでお金を送るには、送金手数料だけでなく、為替レートに上乗せされる為替手数料や、中継銀行の手数料など数種類の手数料がかかります。

フィンテックの海外送金サービスの大きな特徴は、手数料の安さにあります。最も有名なのが、アメリカのTransferWise（トランスファーワイズ）。送金ニーズをスカイプのアルゴリズムでマッチングさせ、実際のお金の移動は国内で行う仕組み。海外では、国外で稼いだ収入を家族に仕送りする

海外送金には様々な手数料がかかっている

●銀行を使った従来の海外送金

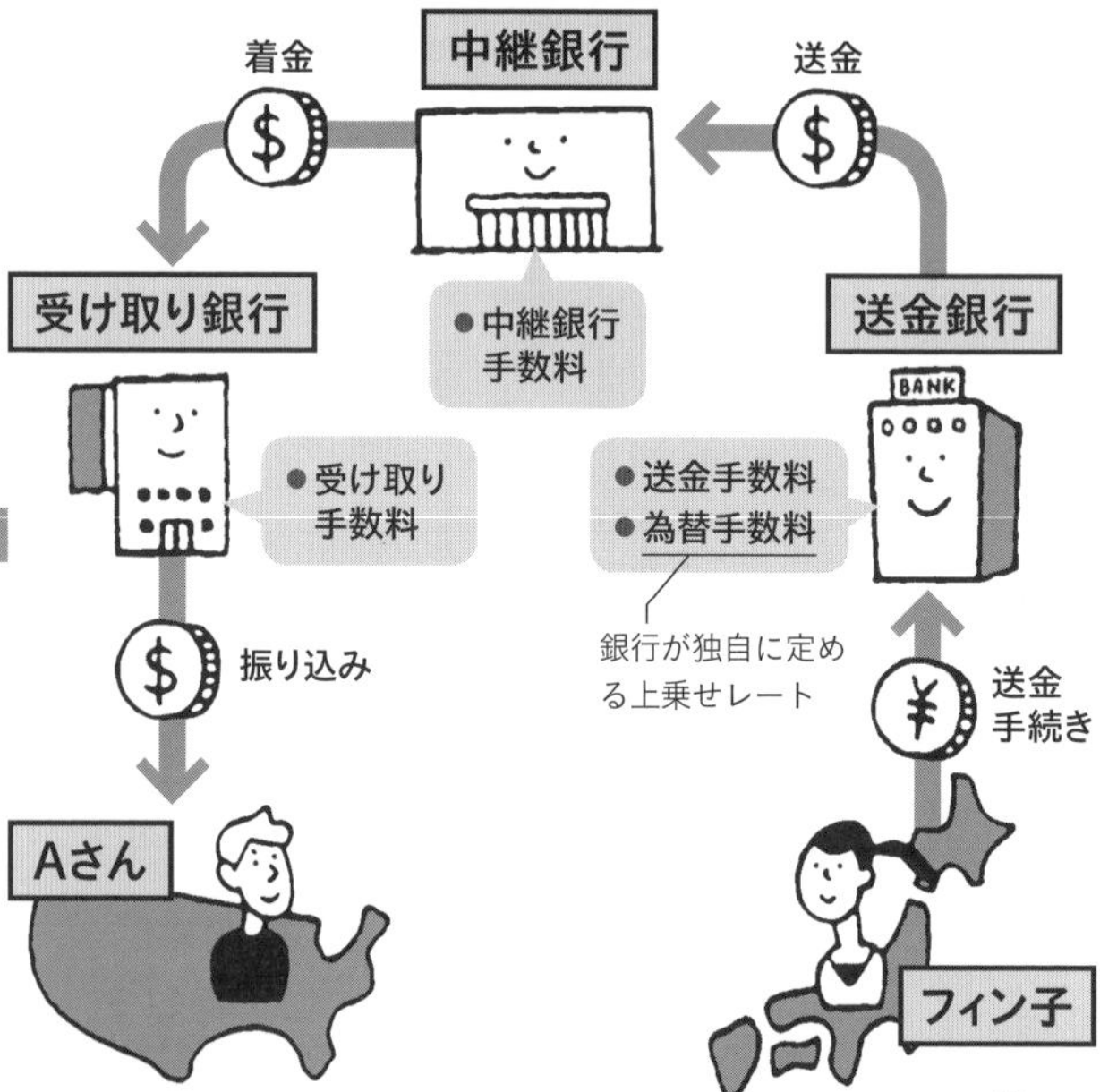

経由する送金銀行や中継銀行、受け取り銀行で、それぞれ手数料がかかる。なかでも為替手数料は銀行独自のレートによるため、どこを利用するかで大きく変わる。

●TransferWiseの海外送金の仕組み

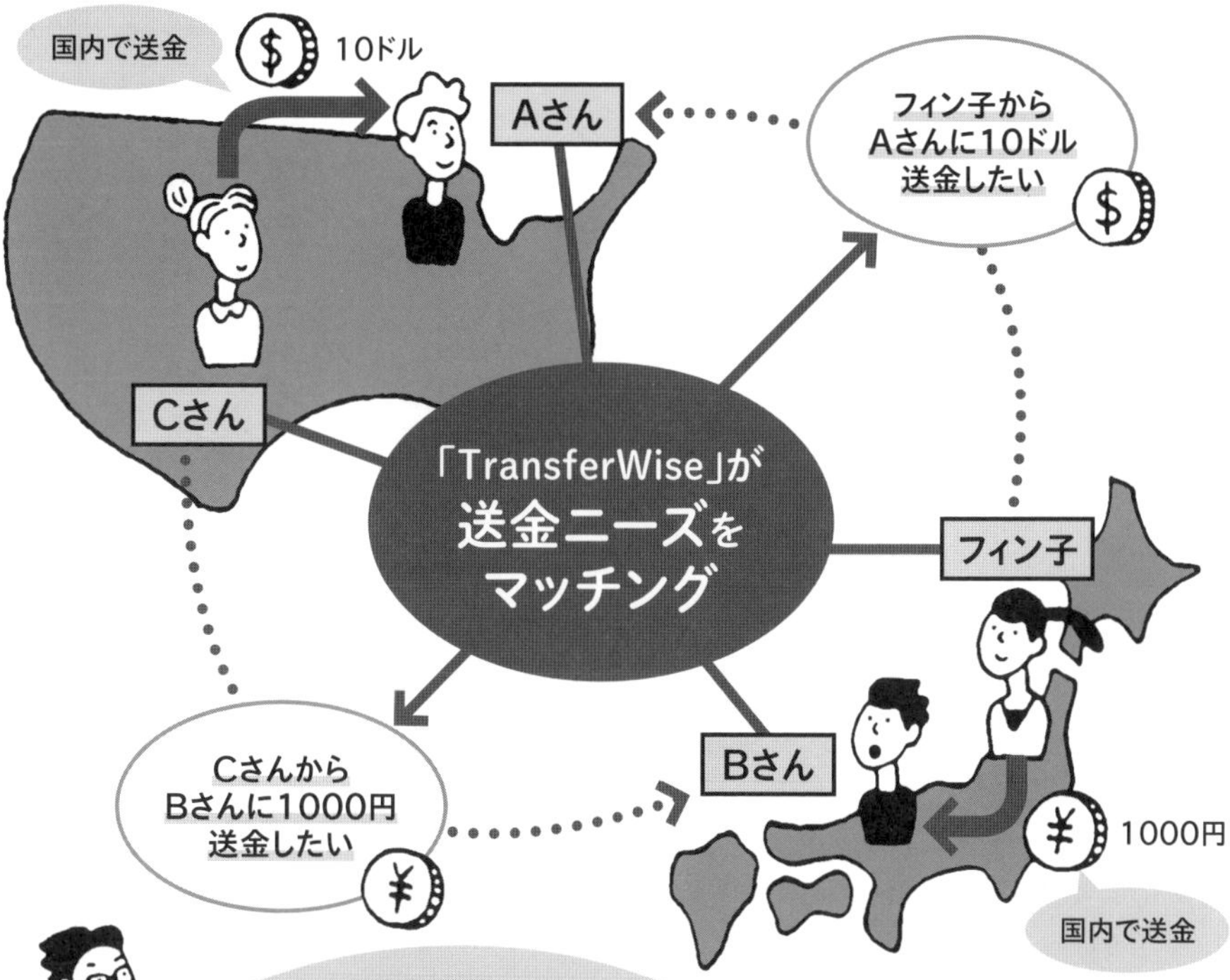

送金人と受取人は、それぞれ自国にTransferWise口座を開設。同じ価値の送金内容をマッチングし、CさんからAさんへ、フィン子からBさんへ送金するよう操作。お金は国を出ないため、為替手数料が不要。

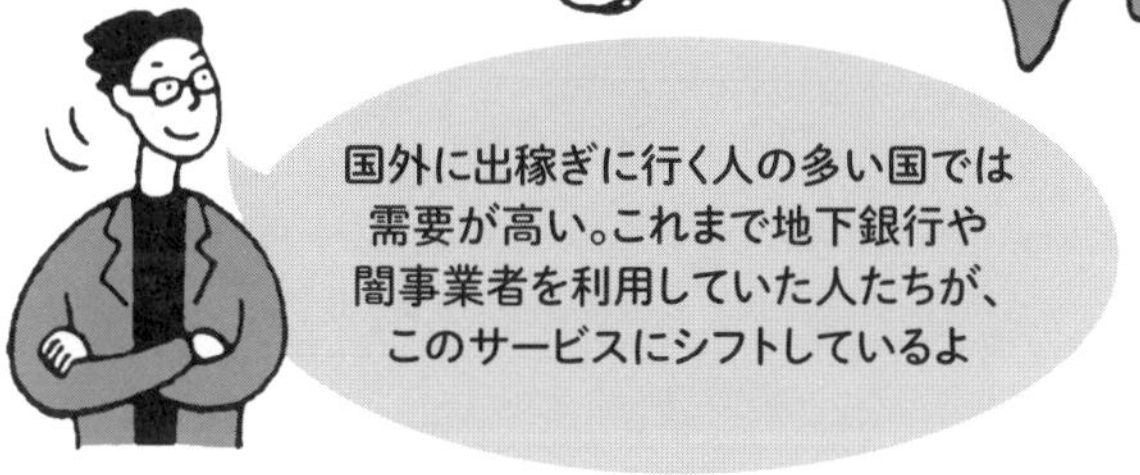

シーンなどで需要があります。
一方日本では、海外への移住や留学の際に、このサービスを利用する人が増えています。留学生の学費については、教育機関向けの海外送金サービスもあります。

海外送金の主なサービス

TransferWise
（TransferWise Ltd.）
https://transferwise.com/jp

上図の仕組みで、低コストの実質的な海外送金を可能にした送金サービス。口座開設や送金はインターネットで行うことができる。初回の送金時のみ、住所確認が必要になる。

Flywire
（Flywire）
https://www.flywire.com

大学や専門学校などの教育機関向け外国人留学生学費決済サービス。海外から学費を送金するよりも、有利な為替レートのもと、自国の銀行から自国の通貨で学費の支払いが可能。

登録した「友人」に即入金できる。細かいお金のやり取りに使える「個人間送金」

　これまで個人から個人へお金を送る方法は、相手の口座に振り込むか、現金書留で送るかでした。しかし、相手の口座番号や住所を入手するのが前提で、手数料などのコストがかかり、お金が届くまでにタイムラグがありました。

　この不満を解消したのが、SNSやアプリのアカウントを使った、個人間の送金サービスです。クレジットカードなどを紐付けたアカウントや、現金をチャージしたアカウント同士で「友人登録」をしていれば、その相手との送金が可

アカウント同士でお金のやり取り

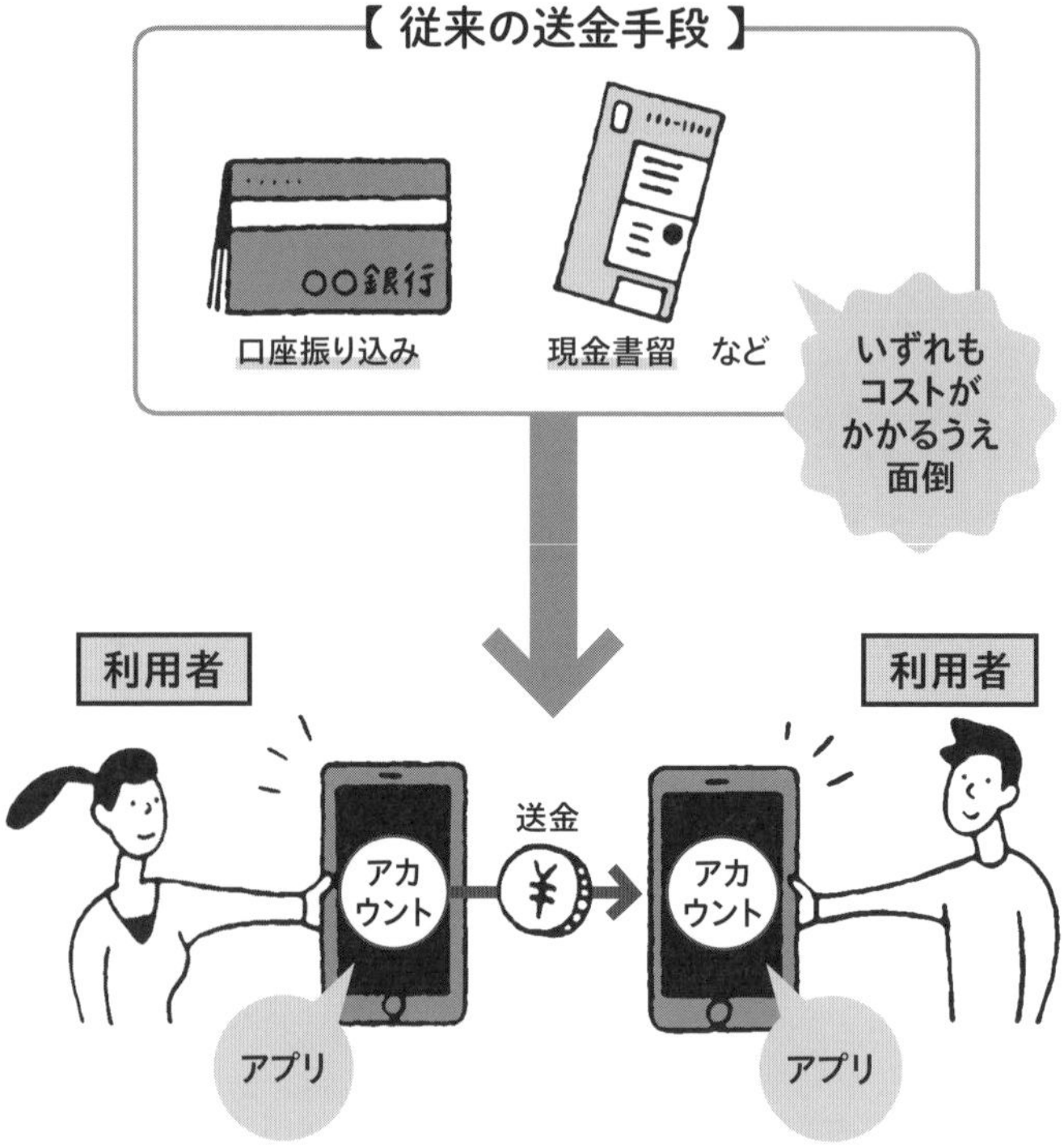

口座への振り込みや現金書留で送る方法は、相手の個人情報を入手しなければならず、手数料もかかった。アプリのアカウント同士であれば、その場で送金ができ、コストもかからない。

● 業者形態によって様々な特徴がある

銀行業者

SNSと連携した口座へ送金

SNSのアカウントと連携した銀行口座を用い、アカウント同士で送金を行う仕組み。出金先と入金先の口座が他行であれば送金手数料がかかる。

- 楽天銀行

資金移動業者

事前にしっかり本人確認

送金には本人確認が必要。また、資金移動業者の規制がありクレジットカードでの送金は不可。受け取る側は自分の口座へ振り込んで現金化する。

- LINE Pay
- pring

前払い式支払い手段発行業者

受け取り側は現金化できない

送る側はチャージした残高から送り、受け取る側も残高にチャージされる。チャージされた分は加盟店での買い物には使えるが、現金化はできない。

- PayPay
- 楽天ペイ
- Kyash

電子決済等代行業者

顧客と銀行を仲介する存在

顧客の代わりに送金や支払いの指示などを行う業者（電子決済等代行業者）が運営するサービス。アプリを通して、口座間の直接送金ができる。

- Money Tap

個人間送金の主なサービス

LINE Pay
（LINE Pay株式会社）
https://pay.line.me/

LINEユーザー間での送金が可能。事前に本人確認をすませる必要がある。トーク画面から移動して送金。届いたお金は受け取る側のLINE Payに自動的にチャージされる。

Kyash
（株式会社Kyash）
https://kyash.co/

最大5枚までクレジットカードやデビットカードを登録できるアプリ。Kyashのアカウント同士であれば、登録カードからの送金ができる。リアルタイムで手数料もかからない。

能になるというもの。送金だけでなく、割り勘の際にも便利です。
お金を扱うサービスのため資格や届け出が必要。いくつかの業者形態があり、それによって送金のルールが異なります（上図）。

会ったこともない人が支援者になる。夢のスタートを支える「クラウドファンディング」

インターネットで広く支援者とつながる

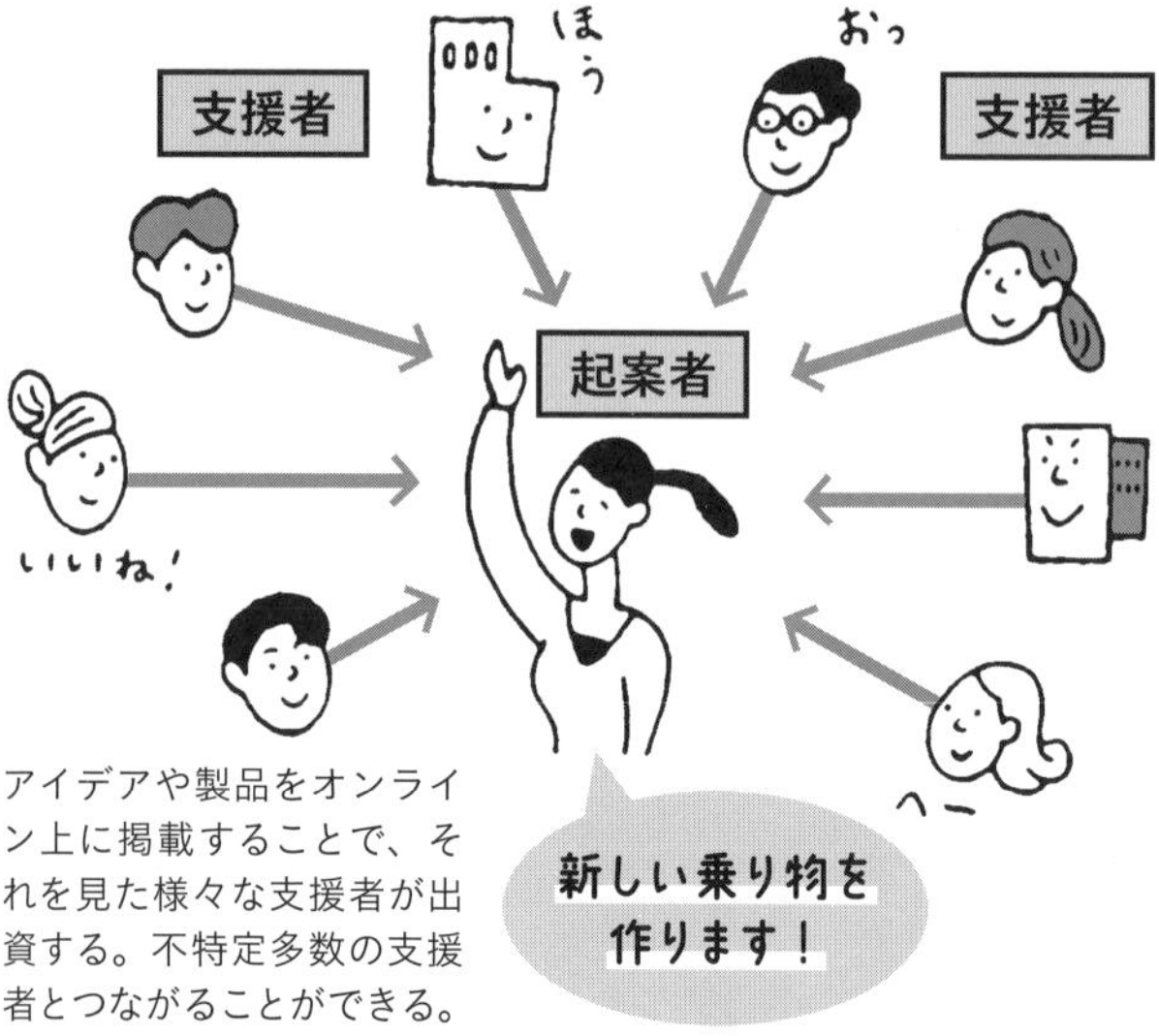

アイデアや製品をオンライン上に掲載することで、それを見た様々な支援者が出資する。不特定多数の支援者とつながることができる。

融資とは、お金が必要なところへ資金を融通すること。これまでは主に金融機関が行っていましたが、それとは異なる新しい融資サービスの1つとして注目されているのが、「クラウドファンディング」です。

「クラウド（群衆）」と「ファンディング（資金調達）」からなる造語で、資金が必要な人がインターネット上で事業や目的を公表し、それに賛同する不特定多数の人からお金を集めるものです。出資する人は対価を得ますが、その内容

● 支援の仕方やリターンなどで5つのタイプがある

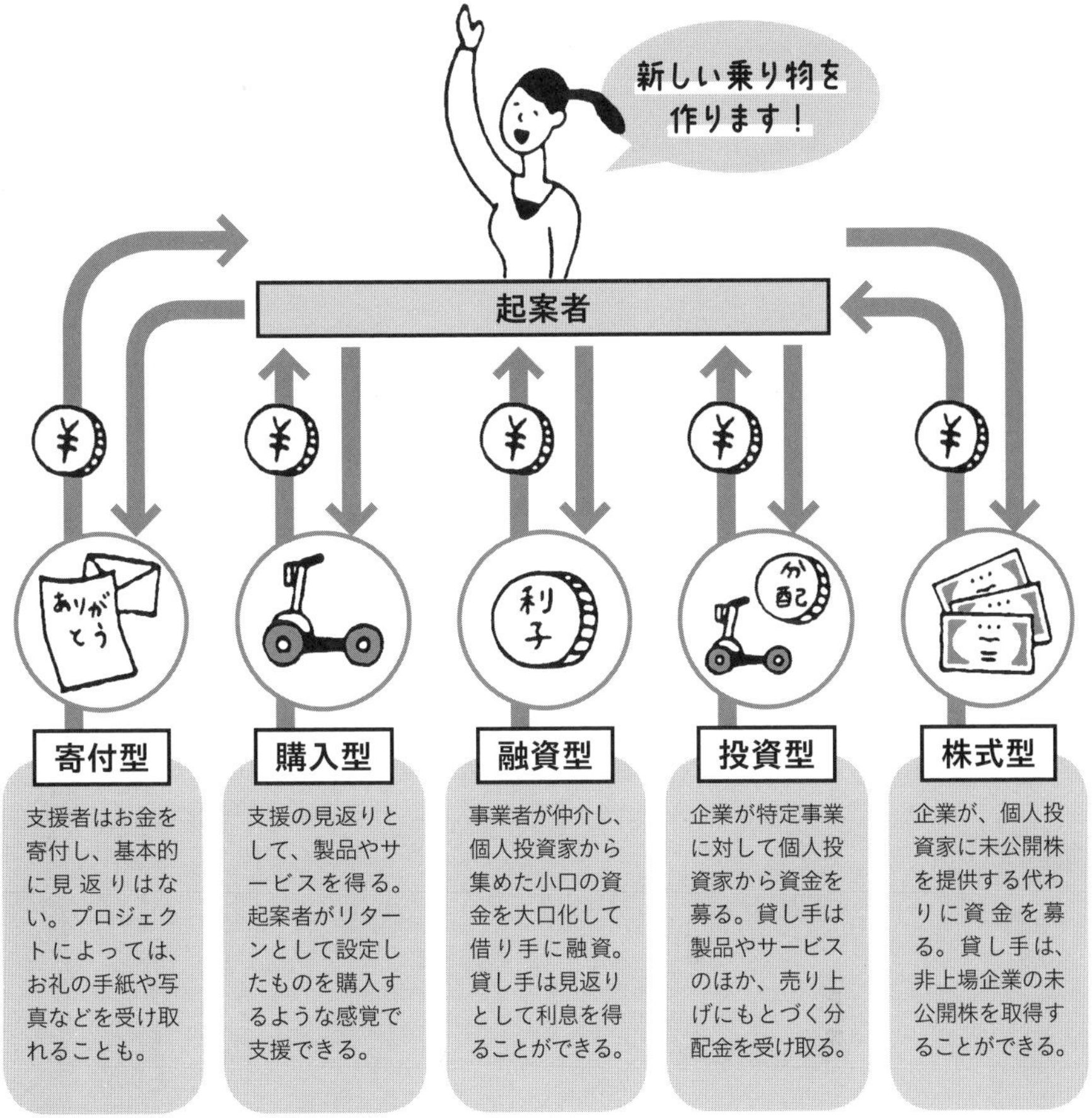

や受け取り方によって5つのタイプに分けられます。

クラウドファンディングでは、融資を募るのも出資するのも、全てをインターネットで行うことができます。実績がないなどの理由で銀行から融資を断られていたベンチャー企業や個人でも資金を集められる可能性があるという点で注目され、利用が拡大しています。

クラウドファンディングの主なサービス

CAMPFIRE
（株式会社CAMPFIRE）
https://camp-fire.jp/

購入型クラウドファンディングのプラットフォーム。テクノロジーからファッション、飲食など3万2000件以上のプロジェクトを扱う。資金調達者はサイト上でプロジェクトを起案、それに賛同する出資者が支援を行い、対価としてものやサービスを得る仕組み。

◆お金を借りる（融資）②

今まで融資を受けられなかった層にもチャンスを。貸し手と借り手をつなぐ「ソーシャルレンディング」

ソーシャルレンディングは、「融資型」のクラウドファンディング（p50）のこと。出資に対するリターンは、お金で戻ってきます。

従来の融資では、各金融機関がそれぞれ定めたルールにもとづき与信判断を行うため、評価が低いと融資を受けられないケースがありました。また、逆に信用度が高いにもかかわらず、信用度の低い人と同じ金利を支払うことに不満を持つ人もいました。

一方、ソーシャルレンディングでは、個人情報だけでなくクラウ

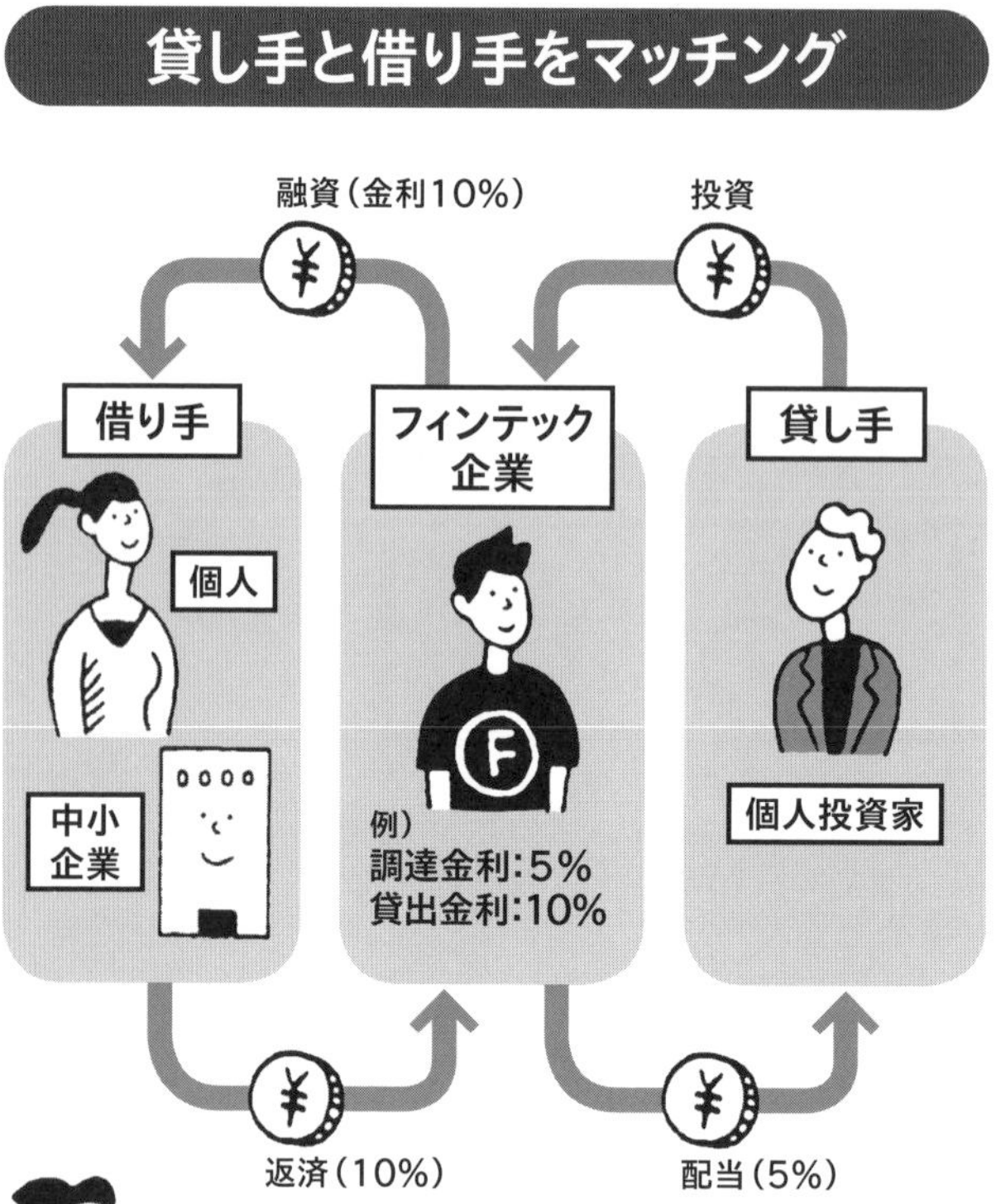

上図の場合、5%の利鞘がフィンテック企業の収益源になる。フィンテック企業自身が投資機関や銀行から資金調達し、それを元手に貸付を行うケースも。

●新しい与信判断で融資を受けられる人が広がった

ビッグデータが与信の材料に

- PFMやクラウド会計の情報
- SNSなどでわかる個人情報
- 購買履歴 など

通常の個人情報に加え、インターネットから得た様々なビッグデータ(p104)が、与信の判断材料に含まれている。

×

人工知能でデータの収集・分析

- 信用度のランク付け
- 貸出可否の判断
- ビッグデータの収集や整理 など

AIによって判断材料となるビッグデータの収集や、貸出の可否、信用度のランク付けなどを行う。

信用度が高い層

他の利用者と同金利を払うことに対して不満を持つ人に、より良い条件を提示。

信用度が低い層

信用度が低く、信用データ不足から融資を受けられなかった層に、機会を提供。

ソーシャルレンディングの主なサービス

クラウドクレジット
（クラウドクレジット株式会社）
https://crowdcredit.jp/

海外の成長期待国を対象としたソーシャルレンディングを扱う。銀行の貸出余力が低く資金需要が大きい国の個人や事業者に対して、日本の余剰資金をローン投資する形で融資を行う。

Funds
（ファンズ株式会社）
https://funds.jp/

予定利回り1.5 ～6%のソーシャルレンディングを扱うオンラインマーケット。様々な上場企業が組成するファンドを取り扱い、出資者は1円単位で少額から出資することができる。

ド会計のデータやSNSの情報なども与信材料にし、AIで分析。これによって、信用度が低い層に対しても高い層に対しても、個別に最適な融資を行うことができるようにしました。

自分に最適のプランを提案してくれる資産運用の強い味方「ロボアドバイザー」

投資の分野で早くから注目されていたサービスが、「ロボアドバイザー」です。

投資の際、金融工学にもとづいたロボットが、投資家に合った投資信託や資産運用のプランを提案。資産配分の決定や金融商品の選定といった、資産運用のプロセスを、本人に代わって自動的に行ってくれるというものです。

これまでも一部の富裕層は同様のサービスを利用できましたが、ロボアドバイザーの登場で、一般の投資家もサービスを利用できる

ロボアドバイザーの仕組み

Step 1

情報収集

投資に関する質問に回答してもらう

個人投資家に対して、投資に関する様々な質問に、オンライン上で答えてもらう。投資の経験や下落時の考え、運用期間などを、情報として収集する。

【質問内容】

- 金融商品の投資経験はある？
- 投資信託の投資経験はある？
- 投資予定金額は？
- 資金の原資はどれくらい？
- 期待する運用成果は？
- 下落時はどうする？
- 資金の将来的な使い道は？
- 資産全体に占める資金の割合は？
- 運用期間はどれくらい？ など

これまで、こうした投資先をマネジメントするサービスは、営業員によって一部の富裕層のみに提供されていたんだ

Step 2 ポートフォリオ作成

情報を分析し、ポートフォリオを作成

質問形式で収集した情報をもとに、独自のアルゴリズムを用いて、投資家に合ったポートフォリオ（金融資産の組み合わせ）を作成。人間が介在しないため、営業員の思惑などを除いた客観性の高い確実な提案ができる。

Step 3 金融商品の提供

ポートフォリオに沿った金融商品を提供

作成したポートフォリオに沿った金融商品（株式のように市場で取引することができる投資信託:ETF）を提供する。取引手数料は、投資金額の1%程度で、それ以外のコストはかからない。

ロボアドバイザーの主なサービス

WealthNavi
（ウェルスナビ株式会社）
https://www.wealthnavi.com

ノーベル賞受賞者が提唱する理論にもとづく金融アルゴリズムで、「長期・積立・分散」型の投資をサポート。6つの質問に答えるだけでスマホから始められる。手数料は預かり資産の1%。

おつりで投資 トラノコ
（TORANOTEC株式会社）
https://toranoko.com/

アプリによく使うクレジットカードやECアカウントなどを登録すると、買い物で発生したおつりを自動的に分散投資できる。買い物で貯まるポイントやマイルを使った投資も可能。

ようになりました。
また、ＡＩによる提案のため、サービスのクオリティにばらつきがないことが、投資家にとっても金融機関にとってもメリットとなっています。

レシートを撮影するだけでOK。家計を自動で管理することができる「PFM」

家計簿アプリの仕組み

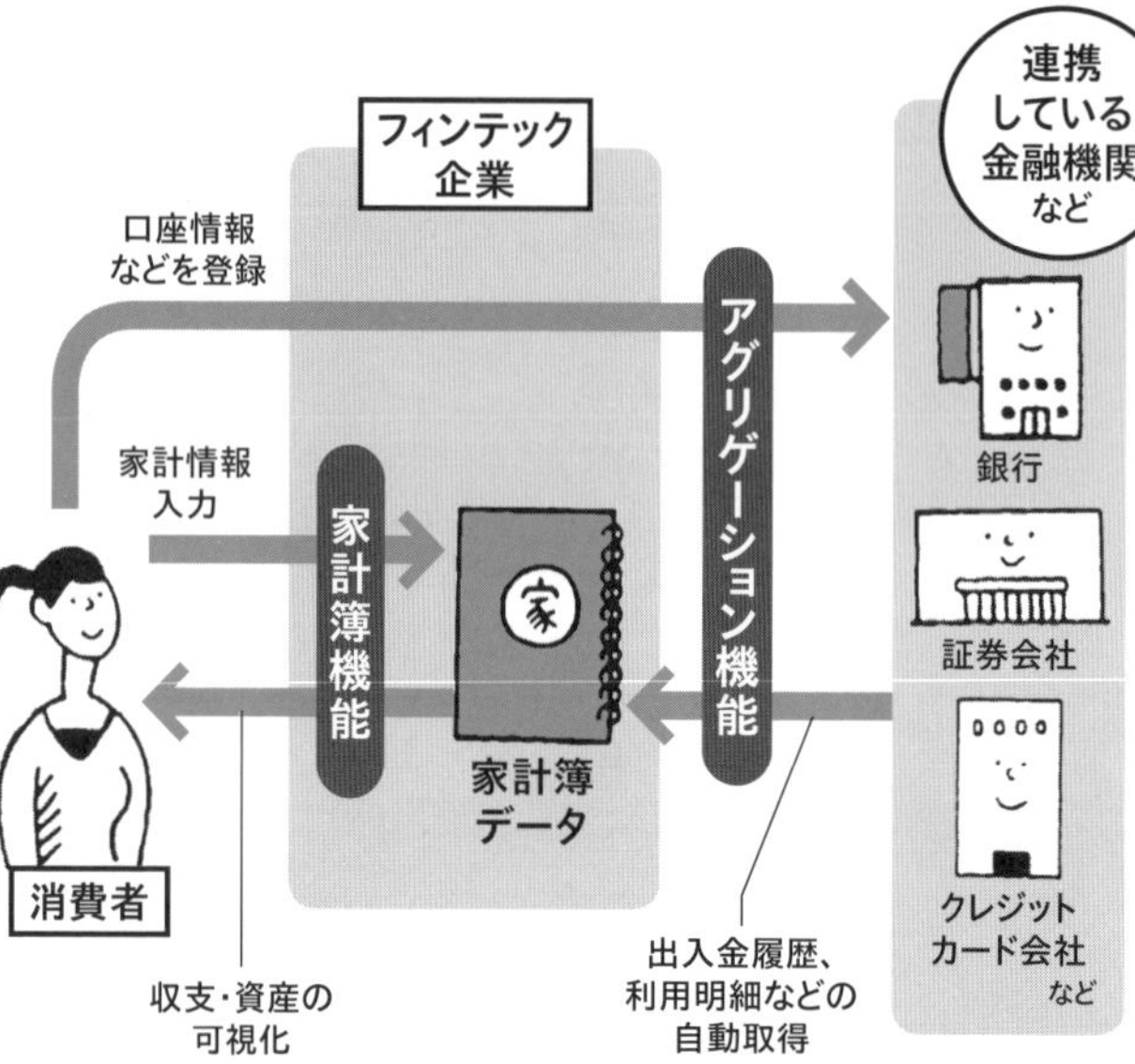

連携する複数の金融機関について、出入金の履歴や利用明細を自動的に取得。家計簿アプリにデータとして集約することで、収支や資産をひとまとめに見られるようになった。

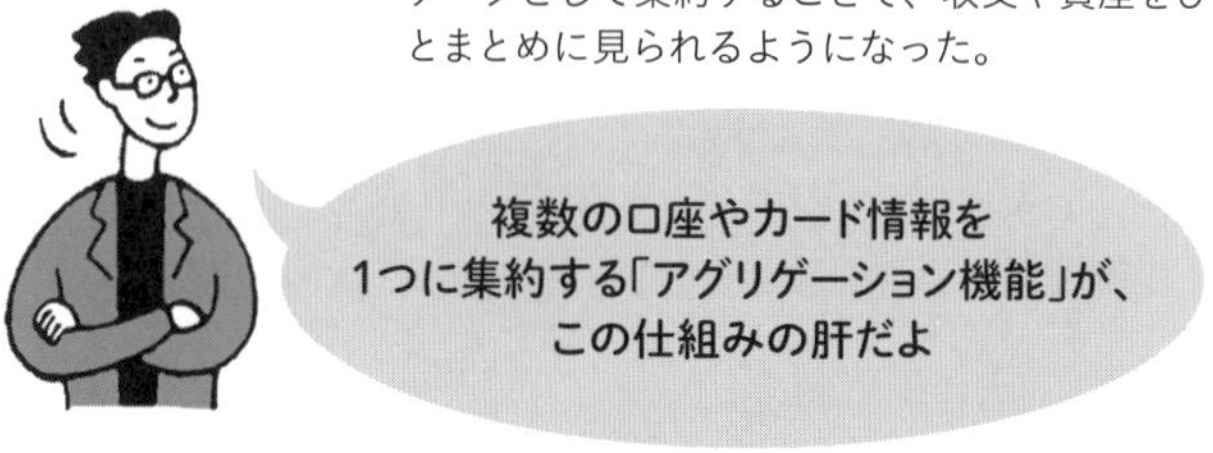

「PFM」とは、「Personal Financial Management（個人資産管理）」のことです。

従来の家計管理は、ノートに家計簿をつけたり、エクセルで計算する方法が主流でした。フィンテック企業が金融機関と連携することで、複数の銀行口座の入出金やカードの支払い情報などをまとめて自動で計算できるようにしたのが、「家計簿アプリ」です。

家計簿アプリはスマートフォンから手軽に使えることをきっかけに利用者が増えています。一方そ

●スマートフォン内蔵カメラの発達がPFM流行のカギに

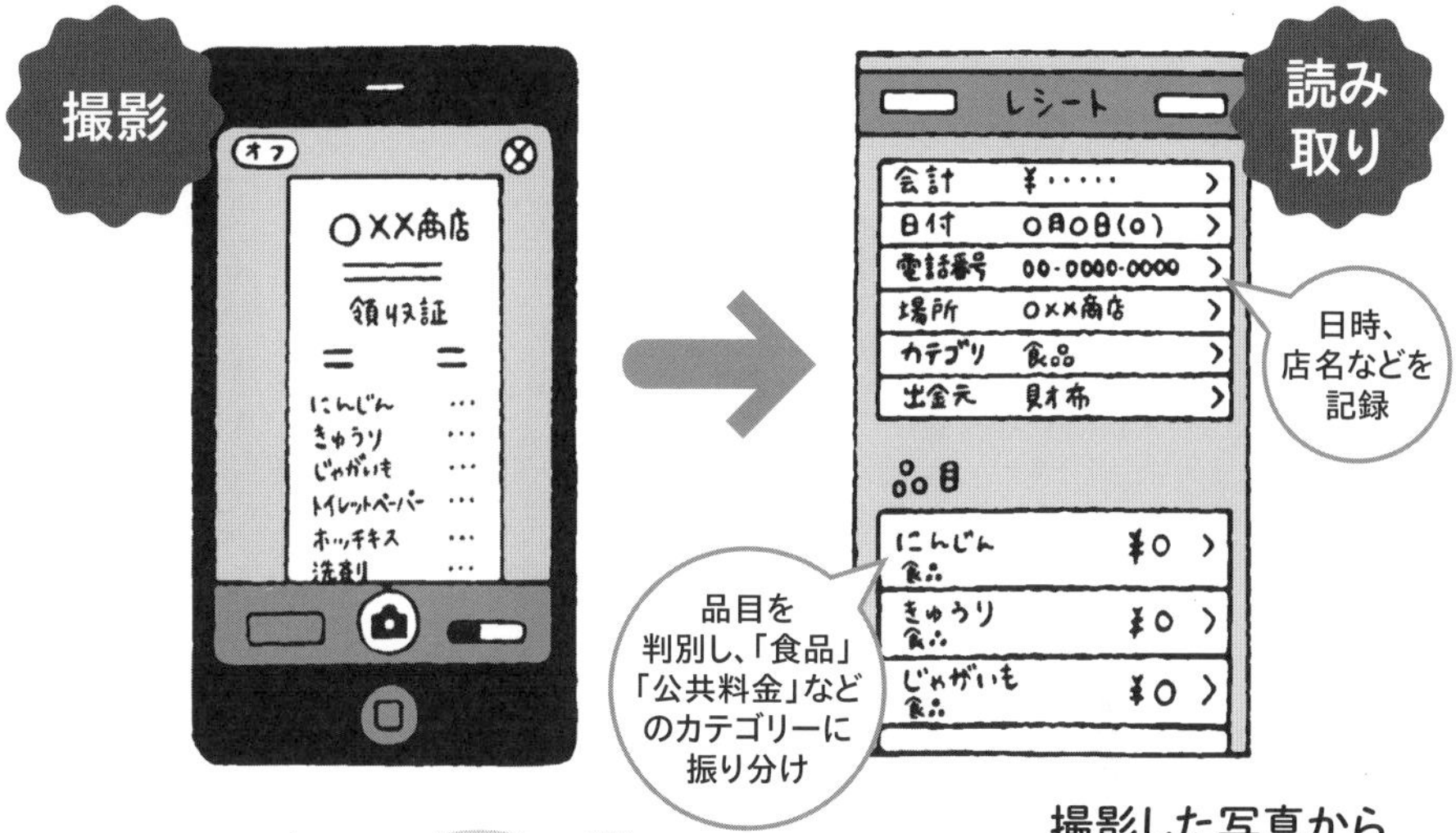

撮影した写真からテキストを抜き出すOCR技術

画像を分析して文字を認識するOCR技術により、レシートを撮影するだけで日時や店名の記録や、品目の振り分けなどが自動的にできるように。家計簿アプリの利便性が格段にアップした。

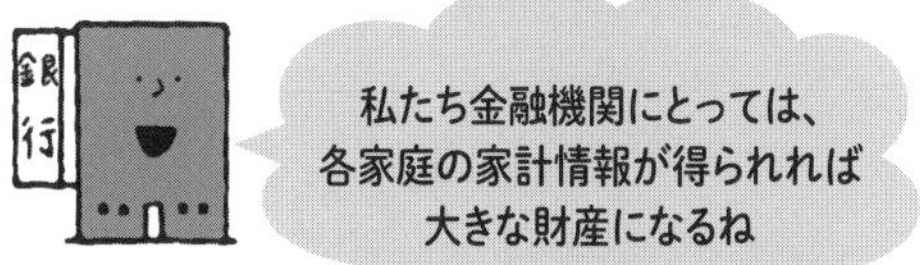

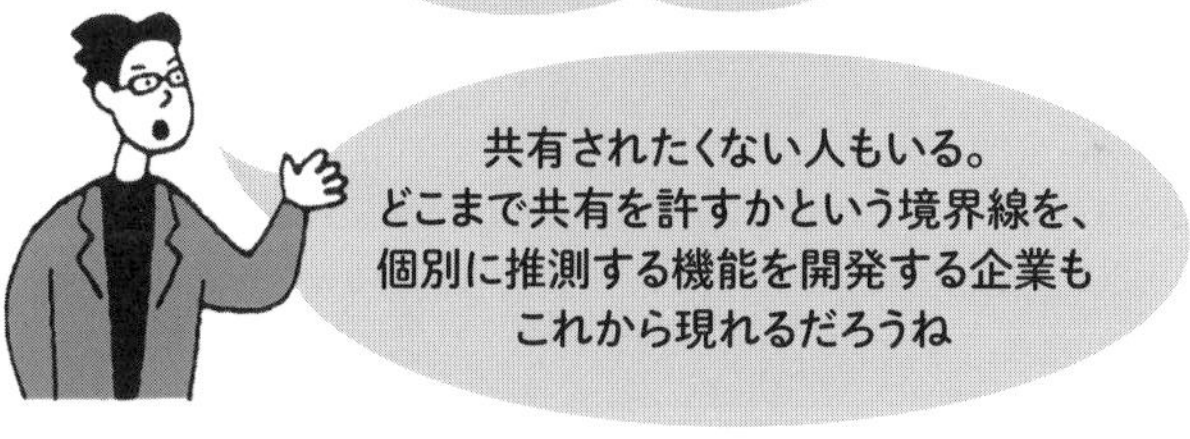

のことで、サービスの提供者側は膨大な「個人の家計情報」を入手できるようになりました。今は、それらのデータを活かした新たな金融サービス作りも模索されています。

PFMの主なサービス

Moneytree
（マネーツリー株式会社）
https://moneytree.jp/

金融機関やポイントサイトと連携し、残高や明細を取得できる。現金での支出は手入力。クレジットカードなどの引き落とし日や金額、ポイントの有効期限などを事前に通知する機能も。

マネーフォワード ME
（株式会社マネーフォワード）
https://moneyforward.com/

連携している金融サービス（特にポイントや電子マネー）の数が多いのが特徴。たくさんの金融機関を連携させたい人や、細かい支出分析を行いたい人には有料版がおすすめ。

知らない間にお金を貯められる!? ユニークな発想で楽しめる「自動貯金アプリ」

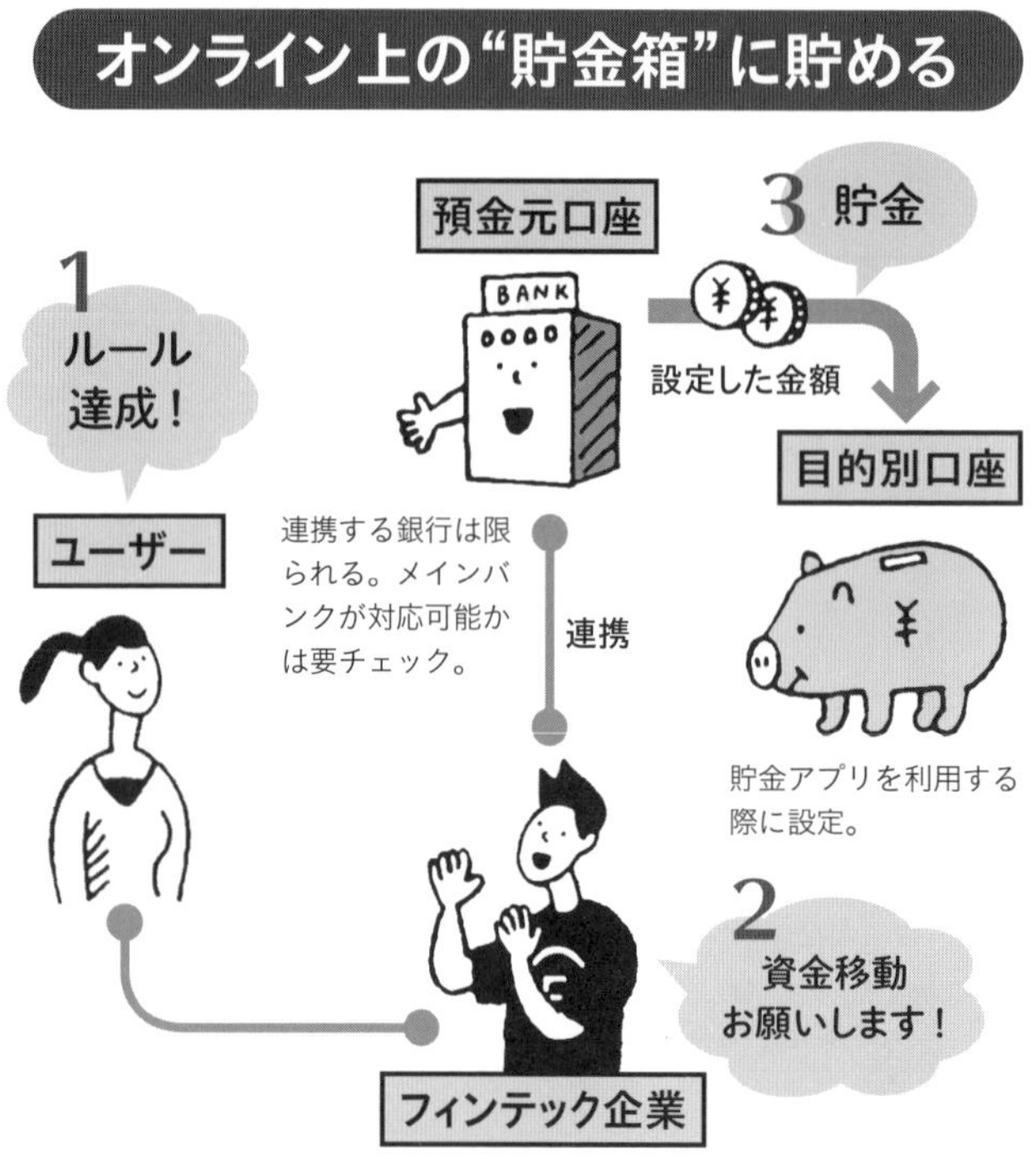

ルールが達成されると、貯金アプリを運営するフィンテック企業を通じて、連携する「預金元口座」から「目的別に設定した口座」へお金が移される仕組み。

貯金アプリは、あらかじめ自分でルールと金額を設定しておき、ルールを達成すると、専用の口座に自動的にお金が貯まるサービスです。

普通の貯金との大きな違いは、「自分でも知らない間に貯めることができる」ということ。ルールを決めておきさえすれば、アプリが自動的にお金を振り分けてくれるため、貯金や節約を続けられない人にとっては画期的なサービスといえます。

また、家計簿アプリ（p56）と

連携しているものもあります。家計簿アプリで撮影したレシートや出入金情報などをもとに自動的に貯金ができるため、合わせて使うことでさらに効率よく家計を管理することができます。

●ユニークなルール設定で楽しく貯められる

【 貯金アプリ「finbee（フィンビー）」のルールの例 】

支払い時の差額を貯める

おつり貯金

カード明細や家計簿アプリの明細に対し、指定したおつり計算の単位で支払った場合のおつりを貯める。例えば、おつり計算の単位が1000円札なら、600円の利用明細に対して400円貯まる。

複数人で同じ目的のために貯める

シェア貯金

複数人が旅行や飲み会など同じ目的のために貯める。個々の貯金方法は1人で貯金する場合と同じ。シェア貯金での参加者の貯金額は、皆で共有できる。

歩数条件に応じて貯まる

歩数貯金

設定した歩数の条件（例えば1日に500歩歩く／歩かない）を満たすと、指定の金額が貯まる。歩数情報は、スマホのフィットネスアプリから取得される。

貯金アプリの主なサービス

しらたま
（株式会社マネーフォワード）
https://sirata.ma/

お金が「“しら”ずに“たま”る」ところから名付けられた。「つみたて貯金」「おつり貯金」「値引き貯金」の3種類の貯金方法から選ぶことができる。住信SBIネット銀行と連携。

finbee
（株式会社ネストエッグ）
https://finbee.jp/

上図のような数種類の貯金方法から選ぶことができる。計11行の金融機関と連携可能。お金は連携口座内に作られた専用口座に貯められる。家計簿アプリ「Zaim」とも連携。

◆お金を管理する③

中小企業の会計情報を、見える化。経理業務の効率をアップする「クラウド会計」

クラウド会計は、法人向けに会計情報を「見える化」するサービス。家計簿アプリ（ｐ56）と仕組みはほぼ同じで、金融機関などと連携し、入出金を自動で計算、記帳します。

従来多く利用されていた会計システムは、ソフトを自社のパソコンにインストールして使うもの。担当者は様々な種類の入出金情報を手入力しなければならず、ソフトの更新作業も必要でした。

クラウド会計は、クラウド上にあるシステムを使い、自動で計算

入力や外部への受け渡しが簡単に

● 従来の会計システム

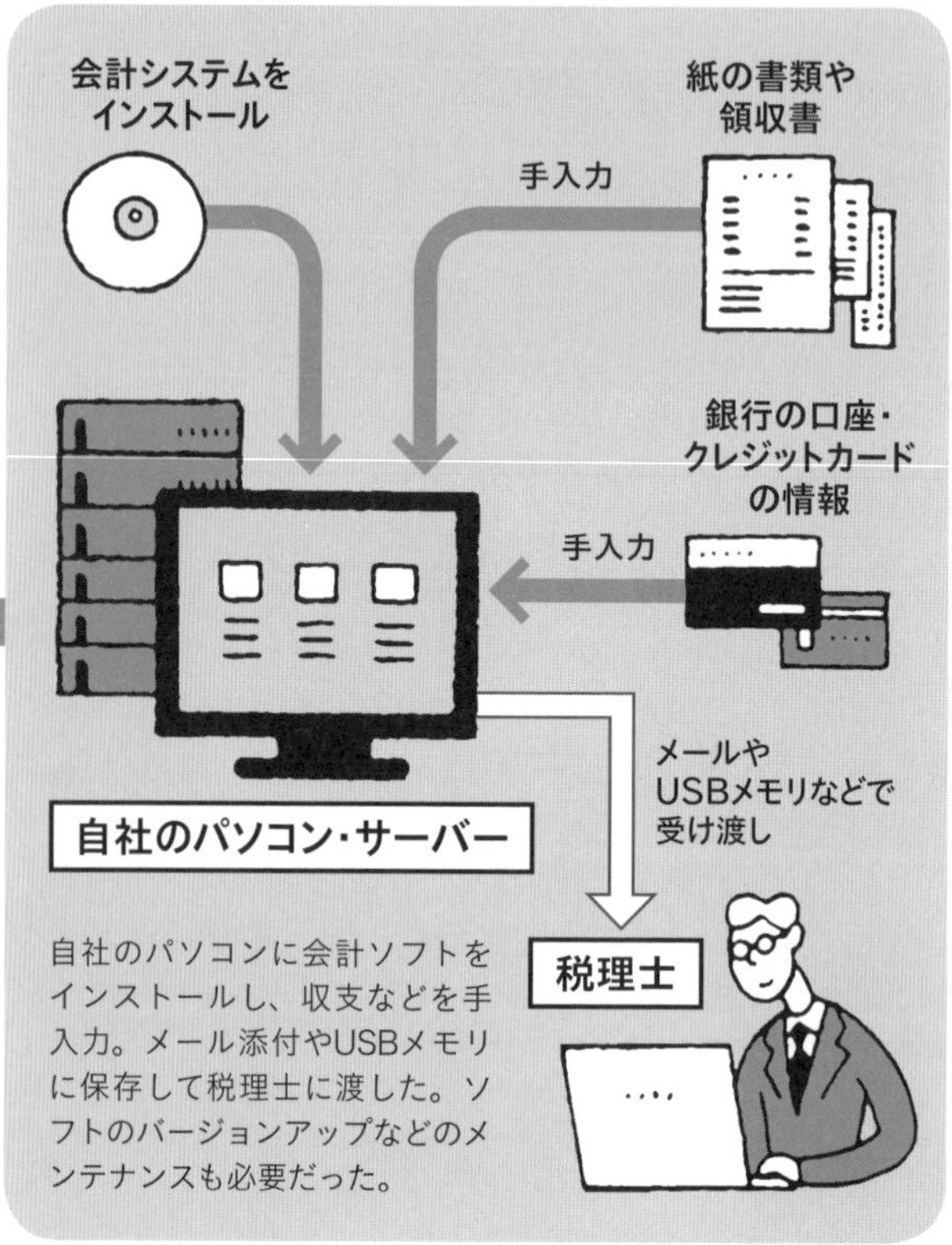

自社のパソコンに会計ソフトをインストールし、収支などを手入力。メール添付やUSBメモリに保存して税理士に渡した。ソフトのバージョンアップなどのメンテナンスも必要だった。

●クラウド会計システム

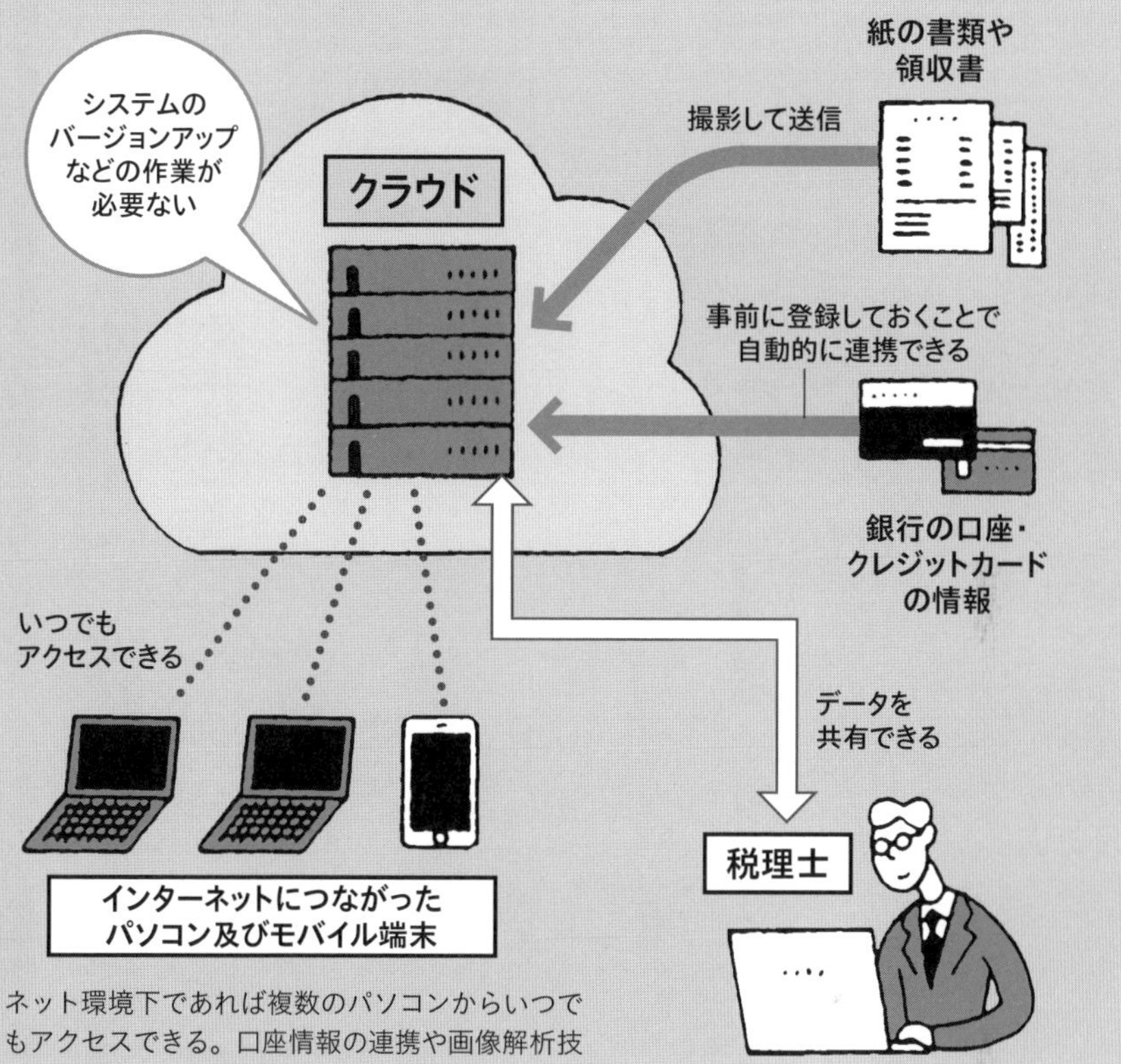

ネット環境下であれば複数のパソコンからいつでもアクセスできる。口座情報の連携や画像解析技術の利用で入力が簡単になったほか、システム導入後のメンテナンス作業も不要になった。

クラウド会計の主なサービス

freee
（freee株式会社）
https://www.freee.co.jp

法人や個人事業主向けのクラウドサービス。各種クレジットカードや電子マネー、ECサイトなど、計4000以上のサービスと連携している。自動で入出金データを取得。設定した仕訳ルールやAIの推測にもとづいて自動で会計帳簿を作成する。見積書や請求書の作成、管理もできる。

や記帳を行います。入力の手間がかからず、複数の端末からアクセスできるため、税理士ともデータを共有することができます。

　実はこれまでも、金融機関が提供する同様のサービスがありましたが、利用には莫大なお金がかかりました。クラウド会計は安価なため、中小企業も利用できるようになりました。

従業員も会社も、業務の効率アップ。「クラウド型経費精算サービス」

経費の精算は、従業員にとっても企業にとっても、負担の大きい業務です。領収書の整理や入力などは手間がかかりますし、精算書のチェックや承認、事務処理にも、多くの時間が割かれていました。

経費精算サービスは、こうした業務を自動化。効率を上げるだけでなく、人為的なミスを減らし、不正申告を防ぐことにもつながります。会計ソフトと連携させることで、経費管理もスムーズに行うことができます。

サービスには、クラウド上のシ

経費精算サービスを使うと

レシート類は撮影するだけでデータ化して整理できる

レシートや領収書をスマホで撮影すると、テキストの読み取りや入力が自動的に行われる（チェックは必要）。画像をそのまま添付して精算申請することもできる。

ICカードを読み込んで交通費を正確に計算

交通系ICカードをスマホにかざすことでデータを取り込み、自動計算することができる。サービスによっては、定期区間や私的な利用分を自動除外できる機能も。

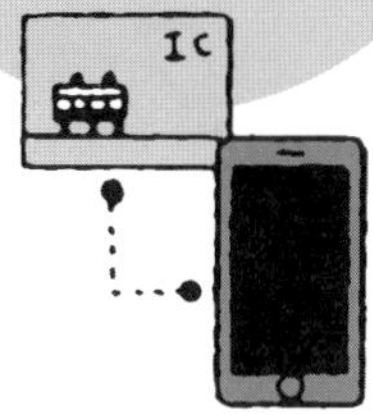

会計ソフトと連携させれば自動的に仕訳が完了

会計ソフトと連携させることで、提出された経費を、カテゴリー別に自動仕訳。これまで経理担当者が行っていた経費の仕訳作業の手間が省けることに。

従業員にとっても会社にとっても、作業時間を大幅に短縮できるというわけだ

ステムを使う「クラウド型」と、自社のパソコンにインストールして使う「オンプレミス型」がありますが、スマホなど様々な端末から使用でき、導入も簡単なクラウド型が注目されています。

クラウド型経費精算の主なサービス

Staple
（クラウドキャスト株式会社）
https://staple.jp/

シンプルなデザイン設計で、スマホでも使いやすい。2019年には与信審査のいらないプリペイド式の「ステイプルカード」を発行。従業員に配布し、立て替え時に使ってもらうことが可能。

Dr.経費精算
（株式会社BearTail）
https://www.keihi.com

領収書を撮影するだけで、高い精度で自動入力が可能。会計ソフトと自動で連携することができる。オプションで、領収書の原本チェックや数年間の保管を代行するサービスも。

◆金融機関向けのサービス

本人確認から利用者とのやり取りまで。膨大な業務をテクノロジーで支援する

手間のかかる本人確認を代行

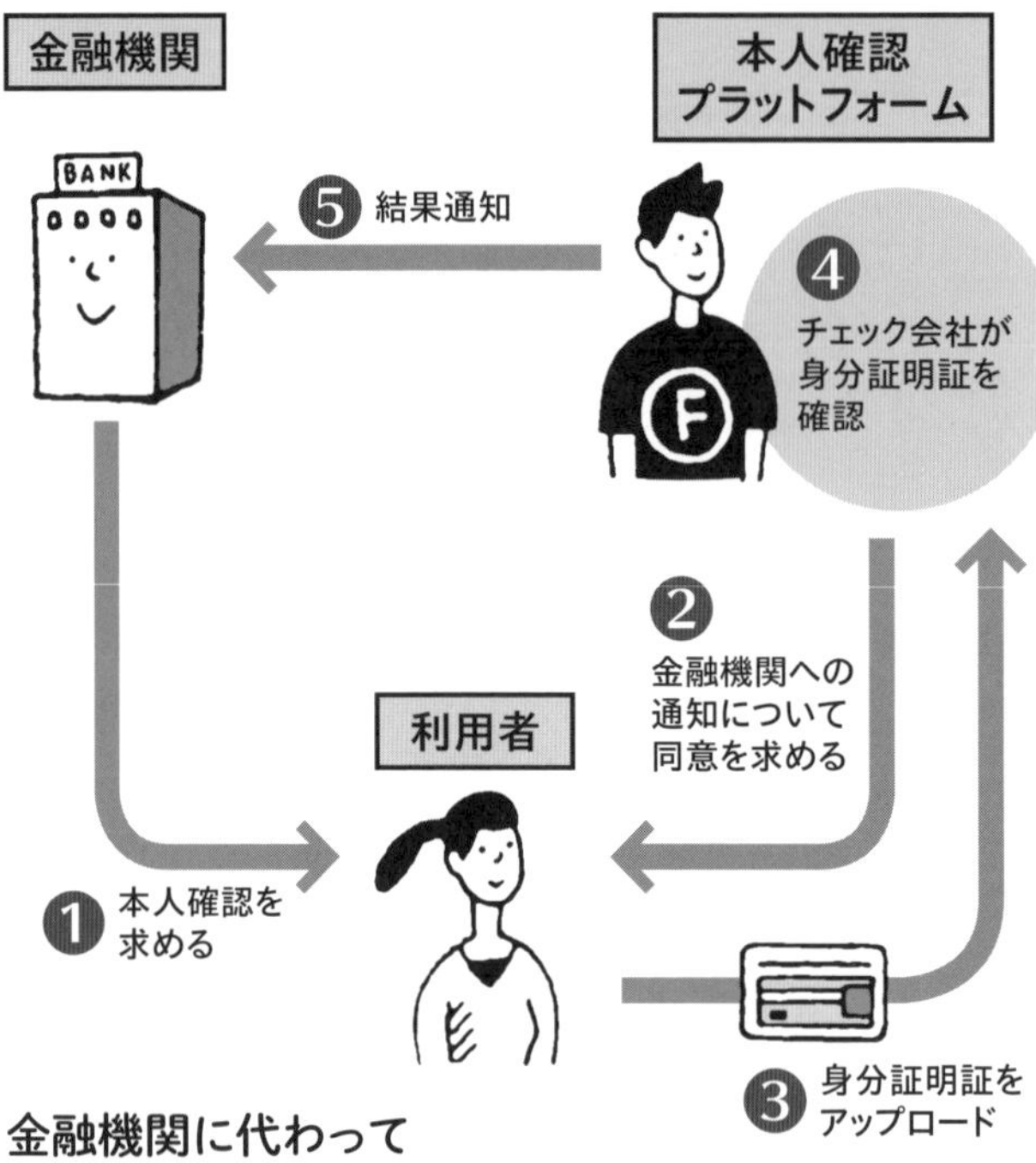

金融機関に代わって
インターネット上で本人確認

新しい金融サービスの利用を始める際の本人確認を、対面や郵送でなく、オンラインのみで実施、完結。民泊などのシェアリングサービスでも、本人確認の重要性が高まっている。

フィンテックのサービスの中には、既存の金融機関や事業会社をサポートするものもあります。

例えば、より簡単・安全な方法でセキュリティ機能を代行したり、これまで専門の担当者が行っていた業務の一部をテクノロジーが担うことで、人員やコストの削減が進んでいます。

金融サービスを利用する消費者にとっても、サービスの使い勝手が良くなったり、より安心して利用できるようになるといったメリットがあります。

業務の一部を自動化

相談受付や投資信託の管理に人員が割かれていた

顧客からの質問に対応するコールセンター業務や、投資信託の分析・情報提供などは、複雑で専門的な知識を要するゆえに手作業で行わなければならず、大きな負担になっていた。

テクノロジーが担う

例えば…

チャットボットによる相談受付

運用状況や分析レポートの作成を自動化

業務支援によりユーザーの利便性も高まる

AIやロボットなどを活用することで、業務の自動化・効率化が進む。サービスの利便性が高まることで、間接的に利用者にとってもプラスになる。

業務を支援する主なサービス

業務支援　iYell
（iYell株式会社）
https://iyell.co.jp/

金融機関の住宅ローン事業を支援するサービス。顧客の質問に自動応答する専用チャットボットや、住宅ローンに特化したOCR（文字をデータとして認識する技術）を提供することで業務支援を行う。

業務支援　ロボット投信
（ロボット投信株式会社）
https://robotfund.co.jp/#/

投資信託の分野で、電話での問い合わせに対する自動応答などの音声認識サービスや、運用成績や分析結果といった情報をSNS経由で利用者に自動送信するサービスなどを、開発・提供。

本人確認　TRUSTDOCK
（株式会社TRUSTDOCK）
https://biz.trustdock.io/

デジタル身分証アプリ。利用者が本人確認のための身分証（運転免許証の写真など）をアプリからアップロードした際、名前や生年月日などの登録情報と一致しているかの確認を代行する。

パソコン、インターネットに続くイノベーション。発行者も管理者もいない新しい通貨「仮想通貨」

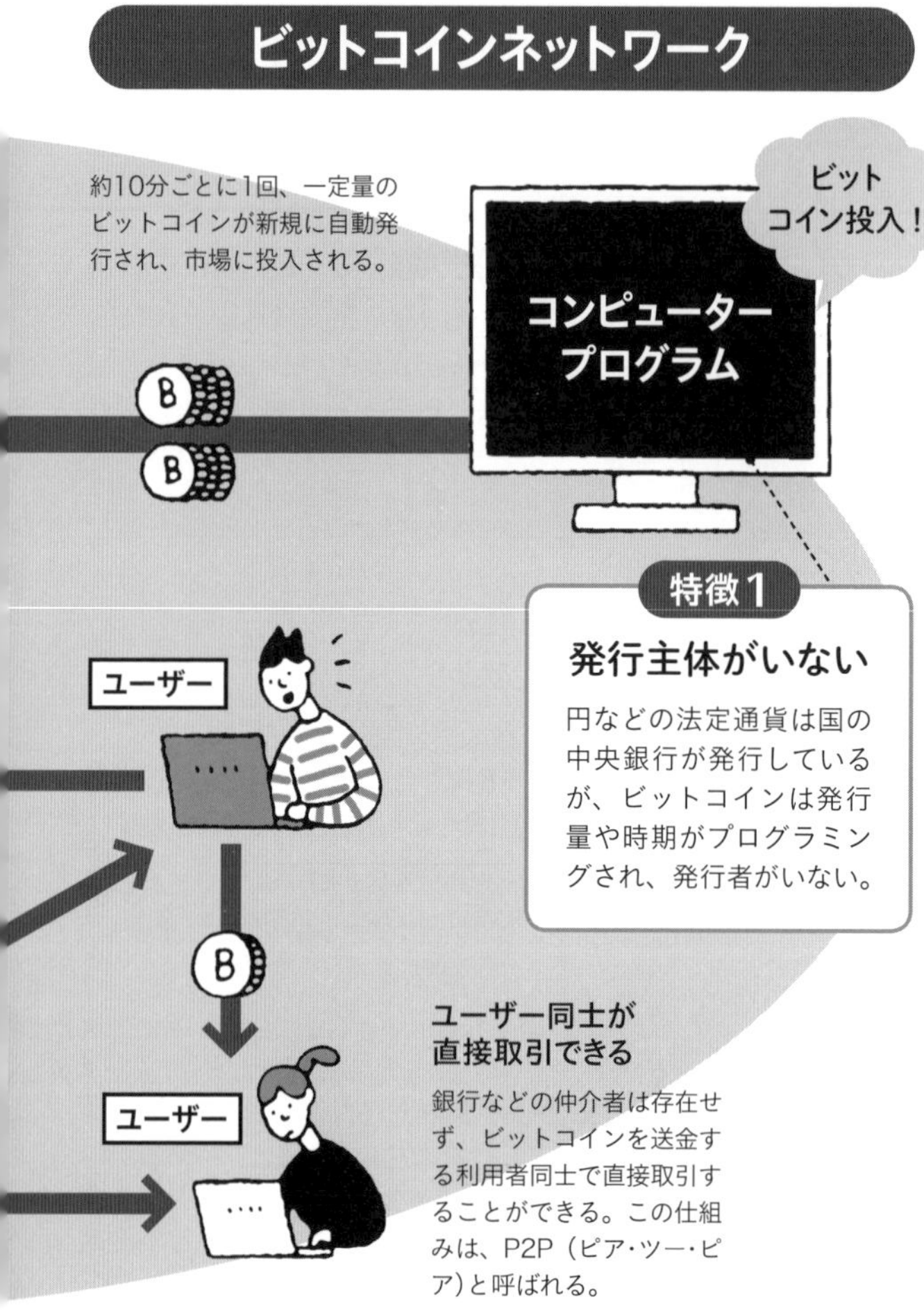

仮想通貨は、既存の金融分野にはない新しいサービスです。仮想通貨には数百種類ありますが、なかでも最も歴史が古く流通量が多いのが「ビットコイン」。仮想通貨の代名詞ともいわれます。

ビットコインには、法定通貨のように現物があるわけではありません。AさんがBさんにビットコインを送金すると、その取引がインターネット上の電子台帳に記録されます。この取引データの集合体が、ビットコインと呼ばれます。

電子台帳への記録にはブロック

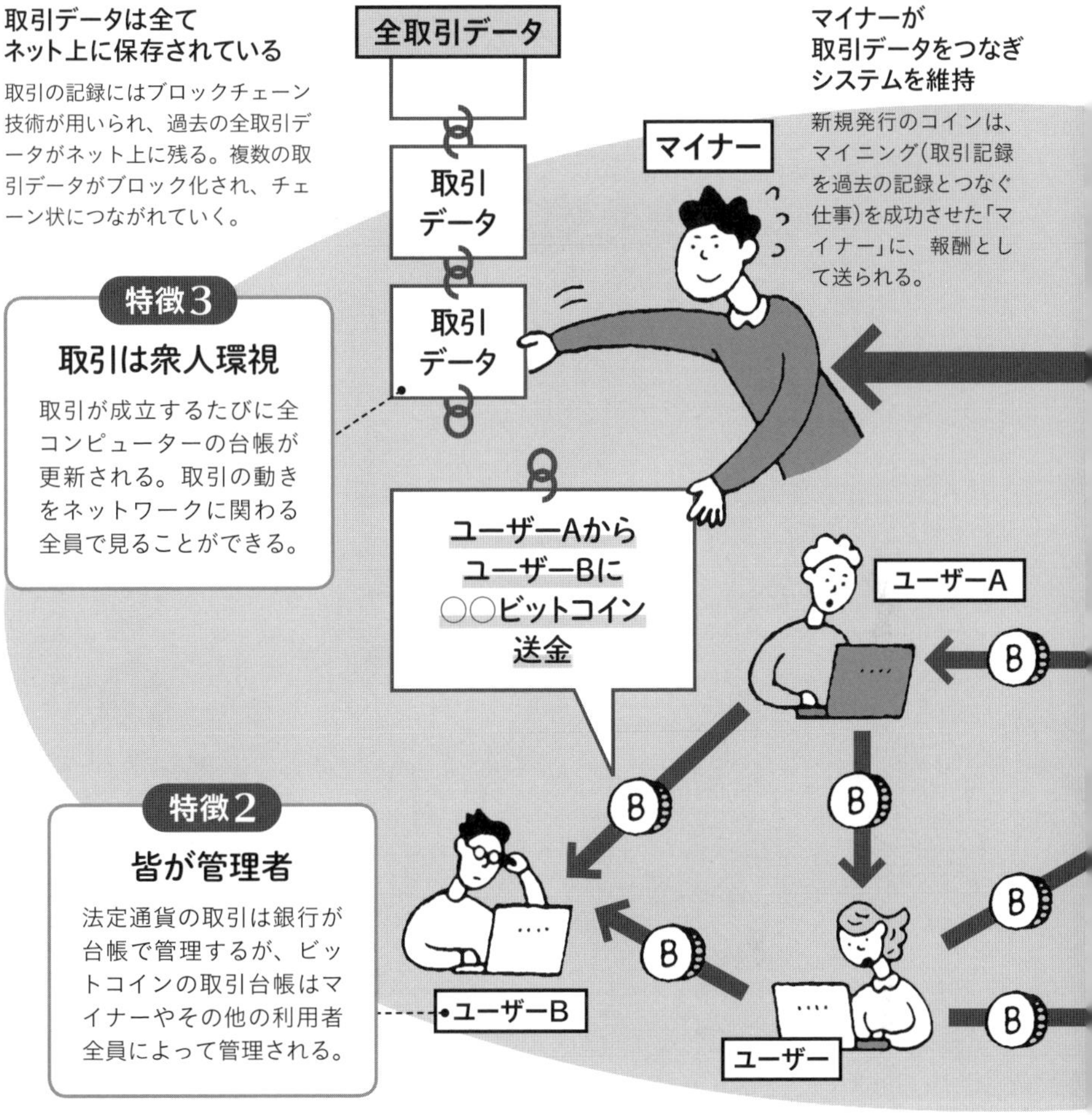

チェーン（p116）という技術が使われ、ほぼ改ざん不可能。これによりビットコインの信用が担保され、通貨として取引されます。

法定通貨と異なる仕組み

ビットコインが法定通貨と異なる点は、通貨の発行者や管理者が存在しないこと。

ビットコインは、コンピュータープログラムによって自動的に発行されます。銀行などを通さずに個人間でやり取りされ、その代わり、全ての取引の記録がネットワーク上で公開、保存されています。

新しい取引が成立するたびに、衆人環視のもと全てのネットワーク上の台帳が更新されることになるため、不正が起こりにくいといわれています。

ビットコインを使うには

【 取引ごとに検証用の公開鍵を用意 】

秘密鍵
↓
公開鍵
↓
ビットコインアドレス

秘密鍵から、取引ごとに「公開鍵」と「ビットコインアドレス」（口座番号）を生成。ユーザーが秘密鍵で署名した取引データをネットワークに知らせると、マイナーが公開鍵を使って検証・承認する仕組み。

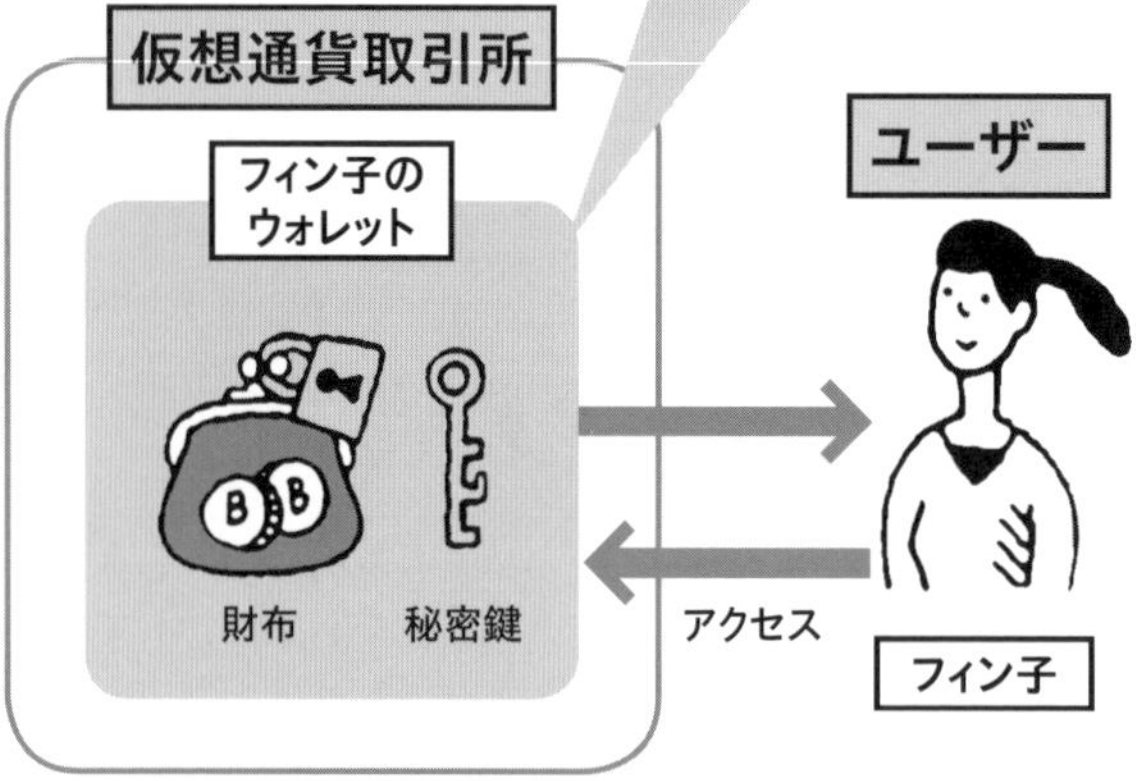

ウォレットは、「秘密鍵」（仮想通貨の取引に必要な全ての暗号のもと）で守られた財布のようなもの。中身を盗まれないためには、秘密鍵を安全な場所で保管することが大切になる。

1 取引に必要な口座を開設する

仮想通貨取引所のホームページで個人情報を登録し、取引口座を開設。開設すると、ウォレット（仮想通貨を管理する機能）を持つことができる。

↓

2 安全なウォレットに移して保管する

取引口座では、主に仮想通貨の購入や売却、送金、受取、円の入出金ができる。取引所が破綻した場合に備え、多額の仮想通貨は安全なウォレットに移して保管する。

取引所で入手、保管できる

ビットコインは、仮想通貨取引所の取引口座で管理します。

まずは金融庁・財務局の登録を受けた「仮想通貨取引所」を選び、ホームページから口座を開設します。口座を開くと、仮想通貨を管理する機能「ウォレット」を持つことができます。

ただし、万が一取引所が破綻した場合、仮想通貨は補償されないため、多額の仮想通貨を持つ場合は、より安全なウォレットに移して保管するのが一般的です。

ウォレットには、インターネットに接続しているものと、切り離して保管するものがあります。前者は簡単にアクセスできて便利ですが、ハッキングされるリスクが

ビットコインでできること

ビットコインアドレスを持っている人への送金

利用者間であれば、ビットコインを送り、受領者が法定通貨に交換する形で送金が可能。特に海外の相手へ送る場合、数百円程度の手数料で、タイムロスなく送金することができる。

少額の寄付や資金調達への出資など

手数料がほとんどかからないため、災害時の被災者に対する少額の寄付やクラウドファンディング(p50)での出資に便利。受領者に確実に届いたことをすぐに確認することもできる。

仮想通貨対応店舗での支払い

店舗でスマホをかざすだけで、支払いに使うことができる。店舗側は初期費用が不要で、取引手数料もほとんどかからない。1%程度の代行手数料で、決済代行業者に委託する場合が多い。

仮想通貨の主なサービス

bitFlyer
（株式会社bitFlyer）
https://bitflyer.com/ja-jp/

2014年に設立された、仮想通貨取引所。「ビットコイン」「イーサリアム」などの購入・販売ができ、ビットコインの取引量の多さで知られる。登録の際はオンラインで本人確認書類を提出。スマホアプリから簡単に利用でき、リアルタイムチャートで相場の確認もできる。

あります。一方後者は、ハッキングの心配はありませんが、破損や紛失の可能性があります。特徴を吟味し、自分に合ったウォレットを選択します。

　ビットコインは、仮想通貨に対応する店舗で支払いに使うことができます。また、手数料が安いため、送金や少額寄付に使われることもあります。

◆新しいサービス②

給料や代金支払いをよりフレキシブルに。若者に人気の「前払い・後払い」サービス

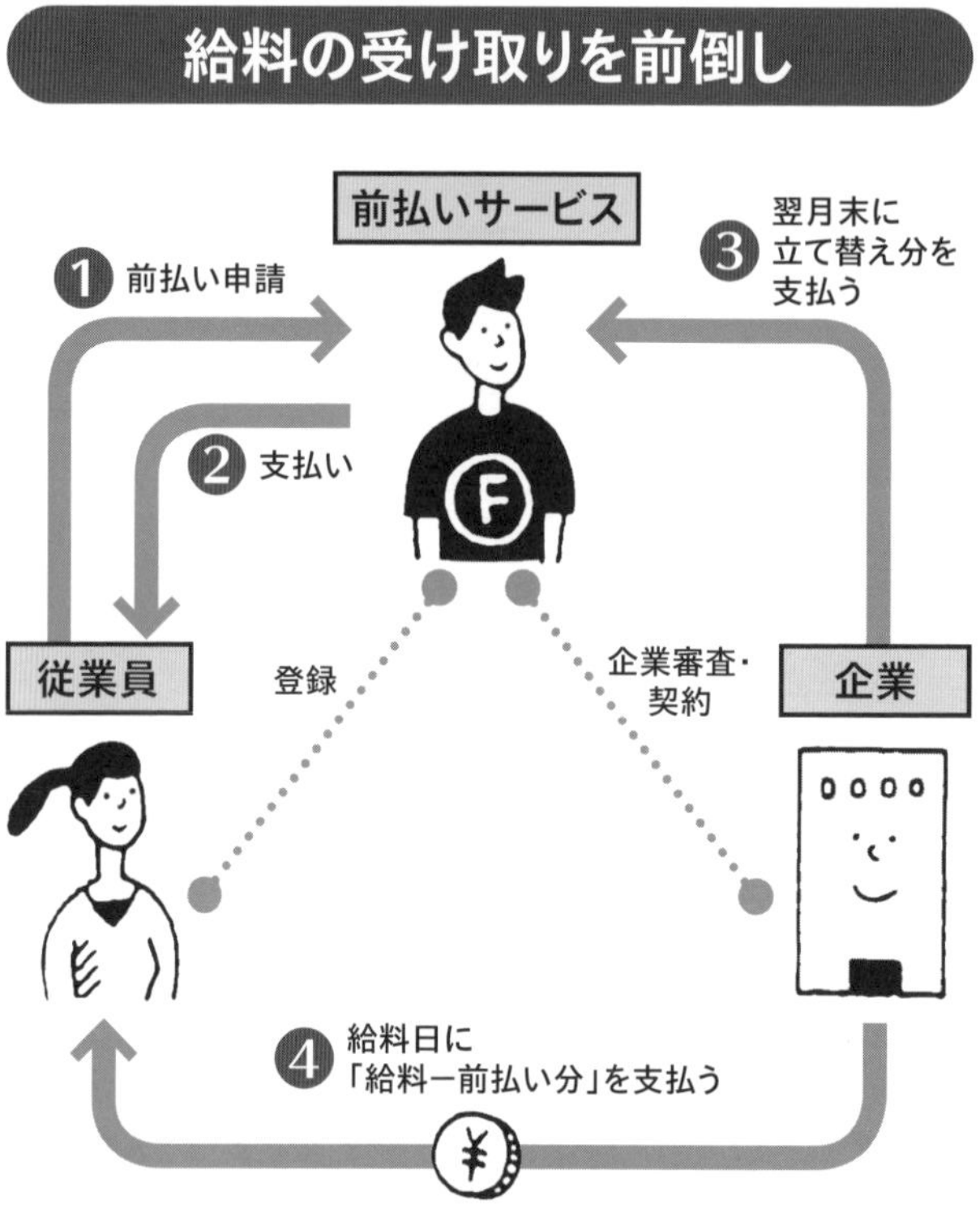

申請に応じて給与の一部を即日払い

企業側が契約していることが前提。従業員がサービスに登録して申請すると、働いた分の給与の一部を前倒しで受け取ることができる。アルバイトや非正規雇用者を中心に普及。

給与の一部を前倒しで支払う「前払いサービス」や、商品の到着後に代金を支払う「後払いサービス」など、支払い（受け取り）のタイミングを調整できるサービスは、これまでにないサービスとして、急成長を遂げています。

給与の前払いは、働き方の多様化もあり、若者を中心に人気。人材を確保したい企業側にとっては、サービスに対応していることがアピールポイントになっています。

商品の後払いサービスも、今や多くの店舗で利用できます。日本

購入後に決済する後払いサービス

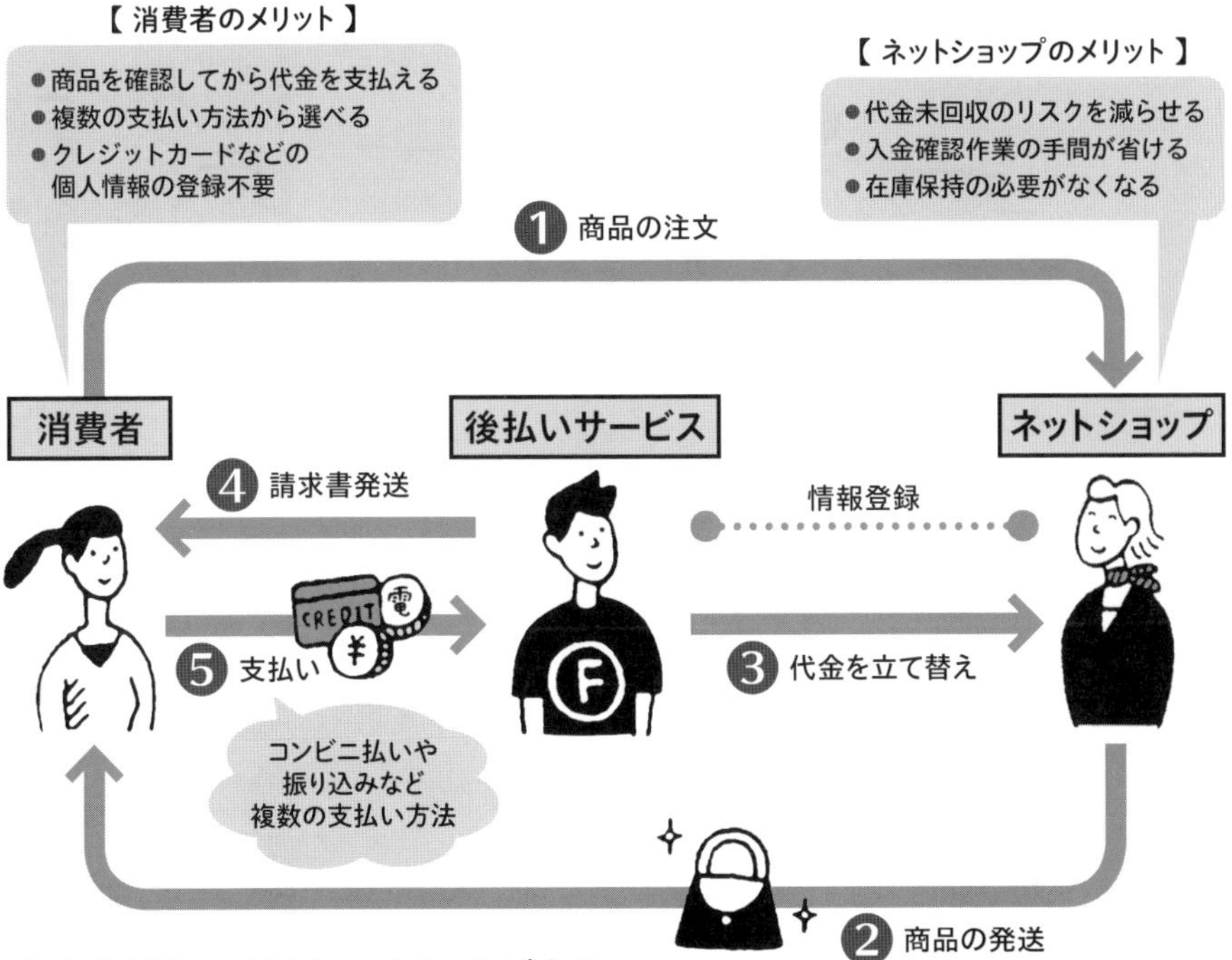

売り手と買い手双方にメリットがある

オンラインショップでの買い物の際、商品到着後に(または商品と同送で)請求書が届き、支払いを行う。クレジットカードに抵抗がある人にも受け入れられ、ニーズが高まっている決済方法。

では「お金を使い過ぎるかもしれない」「個人情報の登録に抵抗がある」といった心理からクレジットカードの所持や使用を控えるケースが比較的多く、そんな消費者を中心に利用が増えています。

前払い・後払いの主なサービス

Payme
(株式会社ペイミー)
https://payme.tokyo/

稼働分の給与の一部を、最短即日払いで受け取ることができるサービス。導入・運用費用がかからないことや、スマートフォンのアプリから簡単に申請できるという手軽さが人気。

NP後払い
(株式会社ネットプロテクションズ)
https://www.netprotections.com

ネットショップをはじめとする様々な通信販売で利用できる後払い決済サービス。コンビニ、銀行、郵便局、LINE Payのいずれかの方法を選択し、好きなタイミングで支払いができる。

健康促進からマーケティングまで。IT技術で革新を起こす「保険テック（インステック）」

「保険テック（インステック）」はフィンテックの保険版。海外に続いて日本でも、大手保険会社が中心となって、インステックの推進に積極的に取り組んでいます。

インステックでは、保険契約者の健康状態や支払い状況などの情報をビッグデータ（p104）として活用し、保険引き受け時の査定や、保険商品の開発などに活かします。これによって、例えば健康状態の査定で落とされていた人でも保険に加入できる可能性が出てきたり、特定疾病の保障を行う新しい商品

保険業界の3つの領域で革新が進む

1 ヘルスケア

情報通信技術を用いて、保険加入者の健康状態を把握。保険料の決定に役立てたり、契約者の健康増進のための保険商品やサービスを提案する。

例）
IoTセンサーを利用して健康状態を保険料に反映

ウェアラブル端末から、利用者のバイタルサインやダイエット状況などを取得。健康状態を評価、予測して保険料に反映する。

例）
保険契約者の健康促進のためのサービスも提供

医療従事者と連携して契約者への健康診断サービスなどを提供。契約者が健康になれば、保険会社も保険金支払いを回避できる。

② 保険の引き受け

保険の引き受けの可否などを判断する業務(アンダーライティング業務)に、AIやチャットボットを活用。業務の効率を上げ、手続きを簡便にする。

例）
判断材料の処理をAIがサポート

顧客の人間ドックなどの診断結果や診療報酬明細書をAIが処理。担当者が保険の引き受けを決める際の判断材料として使用できるようにする。

例）
コールセンターでの回答にAIを活用

利用者とコールセンタースタッフの通話をAIに学習・分析させることで、問い合わせに対する最適な回答候補を検索、表示させるもの。

③ マーケティング

保険会社が保有する契約者の情報をビッグデータとして活用したり、AIで分析することで、新しい保険商品の開発や提案に役立てる。

例）
データを掛け合わせてマーケティングに活かす

保険会社の顧客データと、公的機関が公表するデータを掛け合わせることで、地域別や職業別など、より詳細なマーケティングを行うことができる。

例）
ビッグデータの解析結果を、保険料に反映

顧客データから、生活習慣と病気の発生率の因果関係を解析し、保険料に反映する。例えば、非喫煙者は保険料の割引を受けられる商品の開発などがある。

インステックの主なサービス

わりかん保険
（株式会社justInCase）
https://p2p-cancer.justincase.jp/

保険金を契約者全員で分割して負担、後払いするサービス。がんと診断された契約者には一律80万円の保険金が支払われ、翌月に対象者以外の契約者全員で、支払総額と手数料を平等に支払う。がんになった人がいなければ保険料を支払う必要がない。

が登場するといわれています。

また、契約の際の査定やリスク分析にＡＩを導入するなど、保険にまつわる業務をＩＴ技術によって効率化することもインステックの１つといえます。

海外では、保険料を契約者全員で分割して負担するサービスが注目されていましたが、最近日本でも同様の保険が登場しました。

◆金融を超えるフィンテック②

これからＩＴが必要になる業界。不動産に関わる課題を解決する「不動産テック（プロップテック）」

IT活用で不動産業界が変わる

変化1

質の高い情報をより多く入手できるようになる

消費者がアクセスできる物件情報が増加。VR技術を使ってオンラインで内見の疑似体験ができることで、不動産屋巡りや現地の内見をせずとも、多くの高精度の情報を得ることができる。

変化2

不動産取引の透明性が増し、安心感が生まれる

「おとり物件」（実際は存在しない物件情報で客を釣る手口）などを行う悪質な業者などの情報を、業界や消費者が共有できるように。売主や買主の情報も透明化され、取引の際の安心感が増す。

不動産業界では近年、不動産売買や契約をネット上で行うことが解禁されるなど、ＩＴ技術の活用が進んでいます（上図）。「プロップテック」、「リアルエステートテック」と呼ばれ、これによって〝アナログ的〟といわれた不動産業界は変わりつつあります。

不動産業界の中でも「住宅ローン」は、金融や信用を扱うという点でフィンテックと重なります。例えば、ＳＮＳなどでの回答結果から最適な住宅ローンや物件を提案するサービスや、事前に借入可

変化 3

売り手と買い手が直接つながる機会が生まれる

不動産を売るニーズと買うニーズをマッチングするサイトの登場で、これまで仲介業者を通さなければできなかった不動産取引を直接行う機会が生まれる。

変化 4

価格査定や売却物件の予測情報の精度が上がる

ビッグデータをAIで解析することで、不動産売却時の価格や、これから売りに出される不動産情報を、かなり高い精度で予測することが可能になるといわれている。

変化 5

潜在的なニーズに目が向けられるようになる

アメリカでは、実際の売買に至らなかった売主と買主のニーズを可視化するサービスも。従来は見えなかった、不動産取引の潜在的なニーズが見られるようになる。

プロップテックの主なサービス

RENOSY （株式会社GA technologies） https://www.renosy.com/	OHEYAGO （イタンジ株式会社） https://oheyago.jp/
マンションの売却査定や、物件探し、住宅ローンなど、主に不動産売買等に関わるサービスを展開。AIによって売却価格を瞬時にオンライン査定し、媒介や売買などの取引までサポート。	不動産屋に行かなくても、好きな時間にセルフ内見をしたり、オンラインで入居申し込みまでできる不動産賃貸サイト。サイトに掲載された物件は、仲介手数料も割引される。

能額を算定するサービスなどが登場しています。

近い将来、物件検索からローンまで、不動産にまつわる全てのやり取りを1つの企業がサポートするような動きも予想されます。

\ 1分でわかる! /

第2章のおさらい

フィンテックサービスには、既存の金融を便利にしたサービスと、これまでなかった新しいサービスがある。

既存の金融分野のフィンテックサービスには、決済、送金、融資、投資のほか、家計管理や会計管理がある。

金融機関向けに、セキュリティ機能を提供したり、業務支援を行うサービスもある。

これまでにはなかった新しいサービスの代表格としては、ビットコインで知られる仮想通貨がある。

稼働分の給料を前払いするサービスなど、新しい発想にもとづいたサービスもある。

IT技術を活用する流れは、他業界でも進んでいる。フィンテックと関わりのあるものとして、保険テックや不動産テックがある。

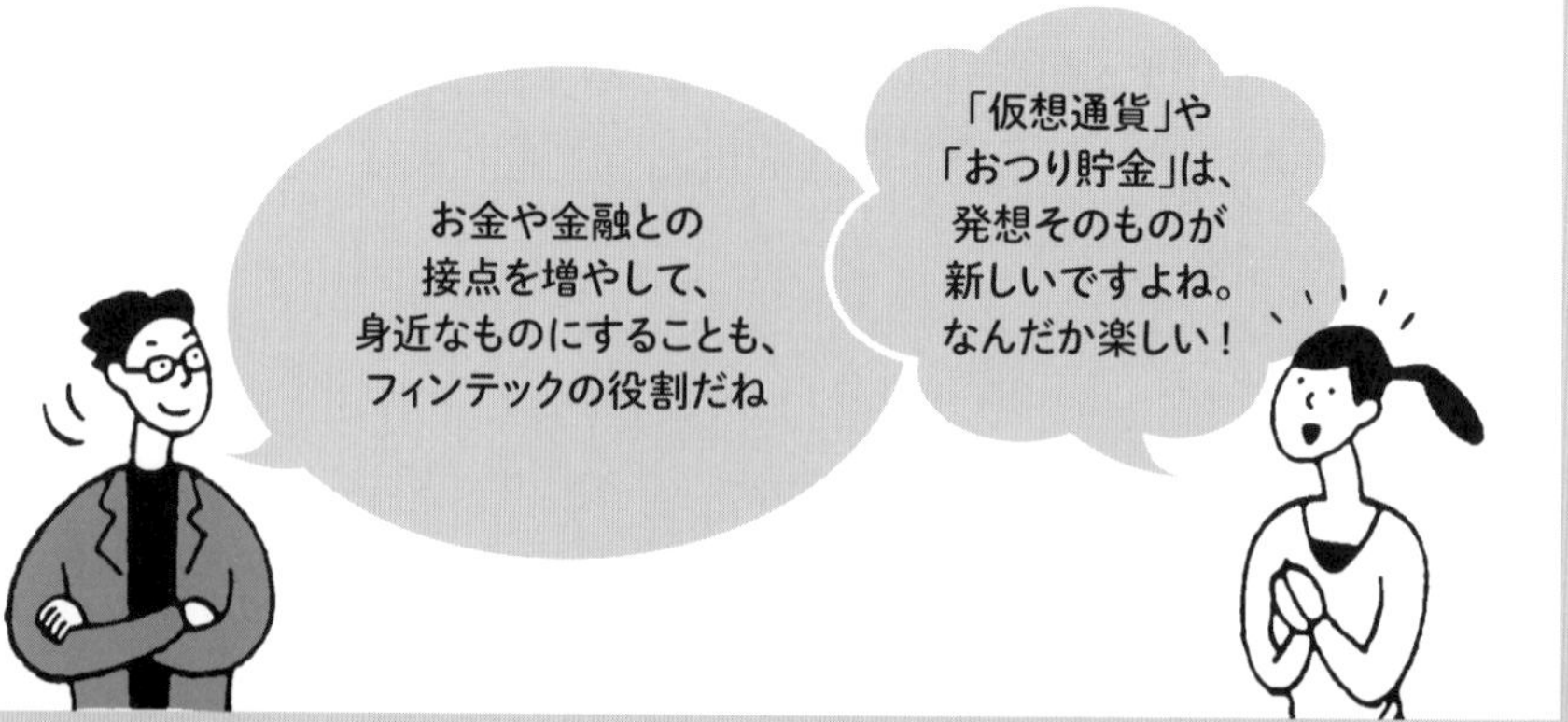

第3章

これから何が起こるの？

金融に関わる機関や企業は、変化を求められている。
一方、金融サービスは利用者にとってますます便利になり、
本人がサービスを受けていることに気づかないほど、
「黒子的」な存在になろうとしている。

知らぬ間にサービスを利用していることも。知識や判断力が、損得を決める時代に

フィンテックがますます普及したら、金融業界や社会全体が変わりますよね。これまであった金融機関はどうなるのでしょうか？ なくなってしまうの？

なくなりはしない。日本では既存の金融機関の存在が大きく、フィンテック企業との協業が主流だからね。しかし、銀行や証券会社、クレジットカード会社などは、それぞれ様々な対応を迫られ、変化を求められている。

例えば銀行では、他企業とより強く連携するためのＡＰＩの公開（p112）が、ますます進むと予想される。顧客との結びつきが強い地方銀行では、顧客とフィンテック企業の橋渡しの役割を担うことにもなるだろう。

確かに、見知らぬサービスを利用するのは怖いけれど、馴染みのある銀行が関わっているものなら安心感があります。では、社会はどう変わるの？

一番大きな変化は、金融の「黒子化」だろうね。

本来、金融というものは、私たちの生活を裏で支え、表に現れないものだ。

例えば、ものを買うためにローンや融資があるし、働いて給料をもらうために、給与振込用の口座を作る。生命保険や学資保険も、結婚や子育てといったライフイベントを支えるためのものだよね。だから、金融は「黒子」のような存在といわれているんだ。

でも、フィンテックの普及によって、金融は生活の中に埋め込まれ、ますます黒子的になるだろう。今までは金融サービスを利用するとき、数あるサービスを自分で比較し、選択していたけれど、これからはその過程すらなくなって、サービスが自動的に適用されるといったケースが出てくるはずだ。つまり、自分でも気づかないうちに始まって、気づかないうちに終わってるってこと。

それはちょっと怖いですね。適用されたサービスが最適かどうかはわかりませんし、私のように金融に詳しくない人は、損をしてしまうかも……。

その通り。損をせずに自分のお金を守るために、これからは金融についてしっかり学ばなければならない。知識の有無によって貧富の差が大きくなってしまうのは問題があるということで、全ての人が一定の知識を身につけられるよう、金融リテラシーに関する教育も注目されているよ。

また、フィンテックが普及すれば、それに便乗した詐欺が増えたり、情報が漏洩しやすくなるといったリスクもある。情報管理も大切だね。

銀行は、金融業からサービス業へ。顧客視点に立った改革はますます進む

他業種との連携が銀行の課題

APIの公開で他のサービスと連携しやすくする
API（p112参照）の公開によって銀行口座とフィンテックサービスを連携させ、より利便性を高めることができる。

他業種への資本提携やグループ化を進める
フィンテック企業や他業種との連携が増加。資本提携やグループ化による、フィンテック企業の囲い込みも。

イノベーションを進める部署が充実
システム部門が主導して、新たなフィンテック企業の発掘や他業種との連携といったイノベーションを推進。

進む銀行と他業種との協業

フィンテック企業の台頭で、最も影響を受けているのは銀行です。外部の事業者と連携するために、API（アプリケーション・プログラミング・インターフェース）の公開が進められています。銀行のシステムに外部から接続できるようにし、アプリケーションを通して口座管理などができるようにするもの（p112）。API公開は今後加速するとみられます。

サービス業化が進む

また、銀行が徐々に「サービス

●地方銀行が利用者とフィンテックサービスの橋渡しも

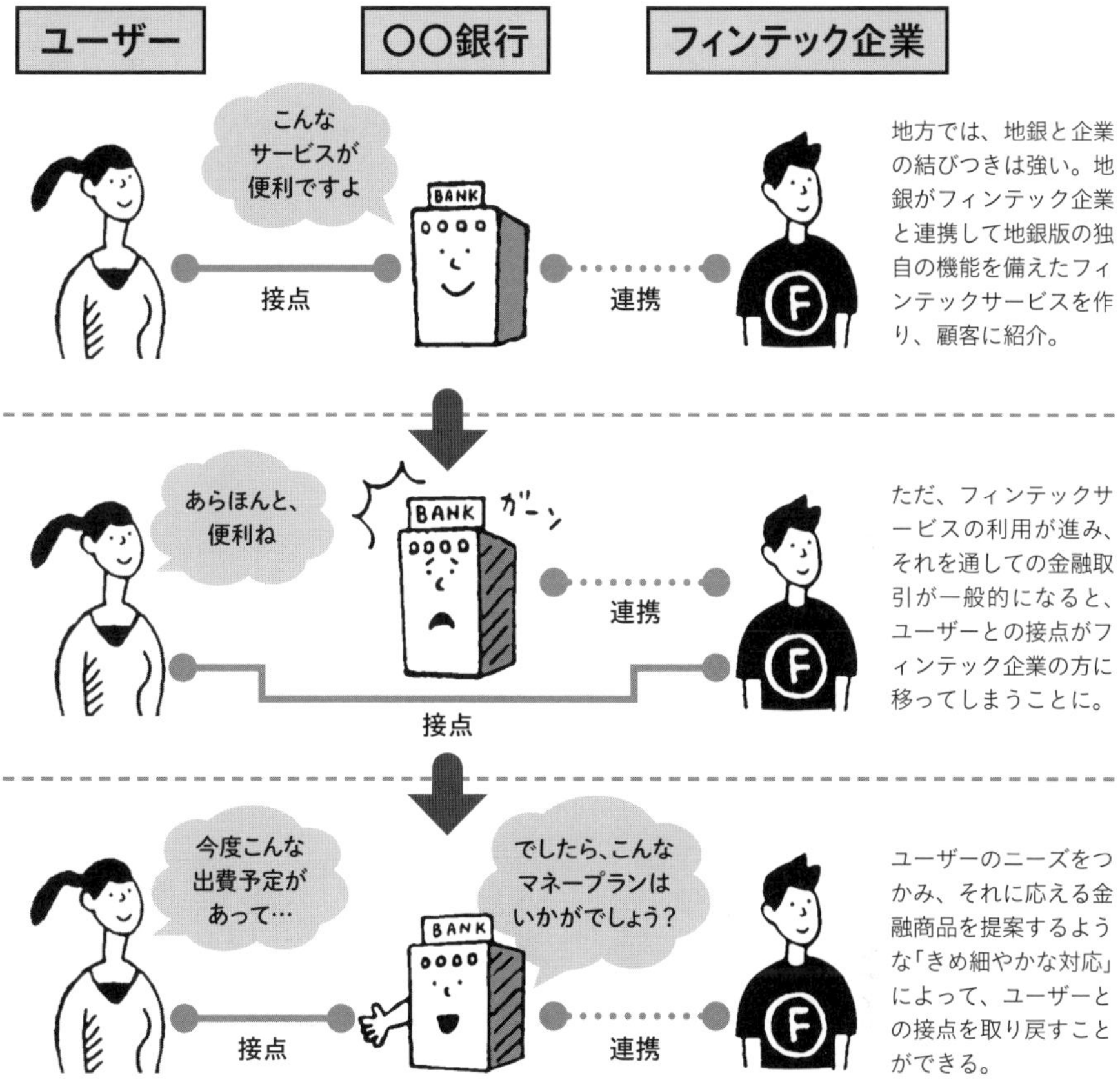

業化」していく流れもみられます。

これまで業界内では銀行同士の競争が進まず、サービスの質も大差ありませんでした。しかしこれからは、顧客志向（ユーザーのニーズを満たすことを企業目標とする考え方）を持ったフィンテック企業や他の事業会社と、渡り合っていくことになります。

そのためには、サービス業として、ユーザーの利便性を追求する姿勢が必要。より良いサービス作りのために技術革新を進める部署を立ち上げたり、オンラインバンクを使いやすいデザインにするといった活動が行われています。

一方、ユーザーとの結びつきがより強い地方銀行は、ユーザーとフィンテック企業の橋渡しの役割を担っていくことが予想されます。

証券会社からカード会社、ITベンダーまで。金融業界の仕事は大きく変化する

フィンテック企業の存在は、銀行以外の金融機関にも影響を与えます。脅威となることもあれば、業務の効率化を助けたり、ビジネスの機会となることもあります。

証券会社の場合は、業務によって異なります。一般の顧客に対して株式などの売買を仲介する「ブローカー業務」にとっては、同様のサービスを提供するフィンテック企業が脅威となる一方、株式などの売買を行う「ディーラー業務」では、業務に必要なデータ収集や分析をフィンテック企業に支

脅威にも機会にもなる

証券会社

ブローカー業務にとっては脅威

これまで証券会社が担ってきた、株式などの売買の仲介をするブローカー業務を提供するフィンテックサービスが登場。ユーザーが奪われる可能性がある。

クレジットカード業界

不正利用の対応・防止サービスを提供

利用明細をリアルタイムに近いレベルで配信するフィンテックサービスが登場。これによって不正利用を早期発見できるなど、クレジットカード業界を支援するようなフィンテックが登場している。

ITベンダーが要素をつなぐ

ITベンダー

新たな金融システム全体をデザインする存在に

ITベンダーは、金融機関に対してソフトウェアやサービス、システムなどを販売する企業のこと。これからは、ユーザーのニーズを考えたシステムを自ら提案したり、金融機関やフィンテック企業を結びつけて、金融システム全体をデザインする役割を担うことに。

どのようなIT技術を使う？

あるIT技術が、別の領域のシステムで役立つ場合もある。こうした要素技術をつなぐ役割を担う。

何と何を組み合わせる？

金融機関や企業を結びつけたり、要素技術や半製品を組み合わせることで、新たな価値を創造する。

ユーザーが求めるサービスは？

フィンテック企業の動向を観察してユーザーのニーズを明らかにし、それに応えるシステムを提案。

援してもらうこともあるでしょう。

カード会社を支援する企業も

クレジットカード業界では、カード会社の業務の効率化を助けるフィンテック企業が登場。不正利用を食い止めるため、複数のカード会社をまたいで利用明細をほぼリアルタイムで配信するフィンテック企業が現れ、カード会社がセキュリティにかけるコスト削減につながっています。

また、金融機関にＩＴシステムなどを販売する「ＩＴベンダー」の役割も変化しています。注文通りのシステムを作るだけでなく、ユーザーのニーズを研究し、それに応えるシステムを提案したり、金融機関やフィンテック企業をつなぐ役割を担うことになります。

ケータリングから民泊まで。「実体を扱う事業会社」が金融を展開

最近では大企業が、事業を通して蓄積された膨大な個人データを活かして金融サービスを提供し始めています（p26）。今後は、同様のケースがさらに増えることが予想されます。

　今話題のサービスを例に考えてみましょう。注文を受けてレストランと配達人をマッチングする「Uber Eats（ウーバーイーツ）」や、部屋を借りたい人と貸したい人を仲介する「Airbnb（エアビーアンドビー）」。もし彼らが金融を提供するとしたら、左ページの

付帯化する金融サービス

利用者に適した金融サービスを提供

大企業が提供するフィンテックサービスは、自社のサービスを利用する顧客に対して、付帯的に金融サービスを提供するもの。金融サービスそのものだけを提案されるより、利用を検討しやすい。

●実態を扱う事業が金融を提供する例

例1：

Uber Eats（ウーバーイーツ）が、金融サービスを展開するとしたら…

ウーバーイーツでは、スマホのアプリなどで注文すると、レストランとウーバーイーツに登録した配達人（自転車やバイクを利用）がマッチングされ、料理が届けられる。

例えば、登録している配達人に対して、自転車からバイクへ乗り換える際に、お得なローンや保険商品を提案する。

例2：

Airbnb（エアビーアンドビー）が、金融サービスを展開するとしたら…

エアビーアンドビーは、部屋を借りたい人と、部屋や家を貸したい人を仲介するマッチングサイト。両者がサイトに登録することで利用でき、世界各地で展開されている。

部屋を貸す人向けに、設備投資のためのローンを提案したり、独自の電子マネーを発行して、それを使える家具屋を紹介する。

ように顧客の利便性をはかったサービスを展開するでしょう。

利用者にとっても、金融自体を提案されるより、ケータリングや民泊といった〝実体のあるサービス〟に付帯する形で提案された方が利用しやすいと考えられます。

金融機関の設立や買収も

ウーバーイーツやエアビーアンドビーは人気が高まっていますが、利用者が増えるほど多くの個人データが得られ、それを活用した金融サービスを展開しやすくなります。自社で展開するだけでなく、フィンテック企業と連携してサービスを開発するのはもちろん、自社の子会社として金融機関を設立したり、小さな金融機関を買収するケースも出てくるでしょう。

未来では、「データのお金」が現金と同じくらい大切なものになる

日本は現金社会で、海外に比べてフィンテックの利用者が少ないのが現状です。主な原因は、既存の現金を中心とした金融システムが優秀で、新しいサービスに対するニーズが少ないこと（p30）。フィンテックが注目され始めた当初、日本では普及しないだろうという見方もありました。

しかし、生活を振り返ると、現金ではない「データのお金」（電子マネーやクレジットカード、ポイントなど）を利用する機会が、意外に多いことがわかります。各

種の買い物はもちろん、公共の交通機関では交通系ＩＣカードを利用。同じＩＣカードを、タクシーで使えることもあります。

現金以外の決済が徐々に普及

一方、小さな医療機関や役所などでは現金払いしかできないこともありますが、現金以外の決済手段も少しずつ整いつつあります。

また、これまで導入コストがかかることなどから「クレジットカード不可」としていた個人経営の小さな店舗などでも、Square（スクエア／p45）のような決済サービスが導入され、現金を使わなくてすむ場合が増えてきました。

近い将来、誰もが現金のようにデータのお金を利用するようになると予想されます。

現金払いしかできないもの

●医療費（一部）
医療機関ではクレジットカードを使えるところが増えているが、小さな診療所などでは、まだ現金のみで、保険適用外の治療に限って対応している場合も。

●学校関連の費用
学校の給食費や部費などは、現金で集金される場合が多い。また、カメラマンが撮影した学校行事などの写真代も、学校が販売する場合は現金払いが主流。

●役所などでの手続き
納税のキャッシュレス化は進んでいるものの、市役所や行政サービスで行う必要書類の申請などにかかる手数料は、現金払いが未だに多い。

スーパーやコンビニで買い物をする

クレジットカードはもちろん、電子マネーやポイントなどを利用した決済方法に対応している店が多い。

ネットショッピング

クレジットカードを使用したり、オンライン決済サービスを使ったりしてネットショッピングができる。

気づかないうちに始まっていた!? 金融サービスはより「黒子的」な存在に

身近すぎて気づかないことも

新しい端末の代金は、分割払いで上乗せされる。ただ、通信料金に対して行われる「割引額」と同額のため、利用料金だけ見れば変化がなく、端末代金が無料のように感じられるという仕組み。

本来金融は、生活を裏で支え、表からは見えにくい「黒子」のような存在です。

例えば、ローンや融資は、高額の商品を購入する消費活動を支えるもの。生命保険や学資保険は、結婚や子育てといったライフイベントを支えるものです。

また、上図の「実質0円携帯」の例のように、実際は金融サービス（実質0円携帯の例では、売主が代金を分割して受け取る「割賦販売」が行われている）を利用しているのに、本人がそのことに気

●設定された料金プランは本当にお得？

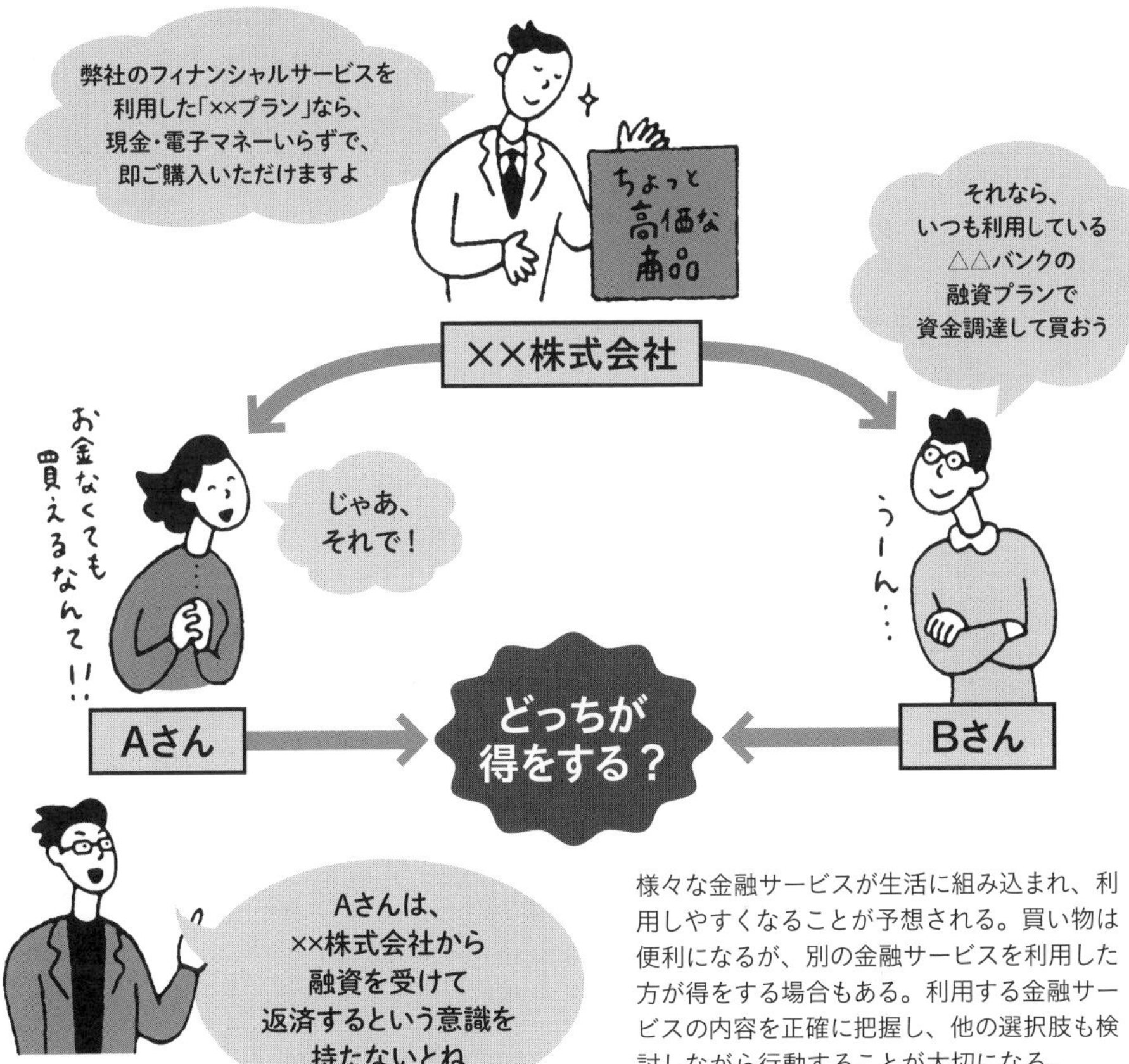

様々な金融サービスが生活に組み込まれ、利用しやすくなることが予想される。買い物は便利になるが、別の金融サービスを利用した方が得をする場合もある。利用する金融サービスの内容を正確に把握し、他の選択肢も検討しながら行動することが大切になる。

づいていないケースもあります。

気づかぬうちに始まることも

フィンテックが普及して金融サービスがより身近になると、金融はますます黒子的になると予想されます。自分で金融サービスの種類を調べたり選択したりするまでもなく、最適化されたサービスが自動的に適用されるようになると、気づかないうちにサービスを受け、そして終了していたというケースも出てくるでしょう。

サービスを比較検討する手間が省けるという点では便利ですが、お金や金融の知識がないと、得をする選択を逃す可能性も。自分がどんな金融サービスを利用しているか、それがお得かどうかを意識して行動することが望まれます。

学べば学ぶほど、得をする世界。「お金の教育」が義務化されるのも近い

フィンテックが普及すると、より多くの人が、バリエーション豊かな金融サービスを利用できるようになります。状況に応じて最適なサービスを賢く選び、損をしないためには、お金や金融に関する知識や判断力（金融リテラシー）を身につけることが大切です。金融庁がまとめた「最低限身に付けるべき金融リテラシー」（左ページ）をチェックしてみましょう。

海外では金融についての教育も行われており、日本でも一般的になる可能性があります。

選択肢が増え知識が必要に

個人が利用できる金融サービスが増えた

実績や年齢を問わずに資金調達できるクラウドファンディング（p50）など、個人が利用することができる金融サービスの選択肢が増えた。

情報を集めて選ぶことが大切になった

目的達成のためにはどのサービスが最適か、どのプランが得かについて情報を集め、集めた情報を比較検討して賢く選ぶことが大切。

資産を守るためのリスク管理や勉強が必要

便利になる一方で、情報漏洩などのリスクも増す。信頼できる業者の選別やパスワードの管理など、資産を守るために積極的に行動すべき。

あなたは大丈夫？

身につけておくべき金融リテラシー

家計管理	1	☑ 収入や支出をきちんと把握し、計画的にお金を使っている
生活設計	2	☑ 人生を通して必要になる資金を、計画的に考えている
金融・経済事情の知識と理解、金融商品の選択	3	☑ 金融商品に関わる契約では、内容を確認し、契約後も状況を定期的に確認している
	4	☑ 金融取引を行うときは、相手が信頼できる業者かどうかを確認している
	5	☑ オンライン上での金融取引は情報漏洩などのリスクがあることを理解し、安全が確認された端末を利用するといった対策をとっている
	6	☑ 金融商品の選択や利用で重要となる事項（金利、インフレ、デフレ、為替、リスクとリターンなど）をしっかり理解している
	7	☑ 金融取引を行うときは、手数料なども含めた「実質的なコスト」を把握している
	8	☑ 保険商品を選ぶときは、自分が何のリスクに備えるべきかを考えて判断している
	9	☑ 保険商品を選ぶときは、社会保障や貯蓄額なども考え合わせて判断している
	10	☑ 住宅ローンを組むときの、2つの注意点（返済能力に見合った借入額や返済計画を立てる／返済が難しくなった場合を想定して備える）を理解している
	11	☑ カードローンやクレジットカードは、返済を考えて慎重に利用している
	12	☑ 資産形成（株・投資信託など）では、「ハイリスク・ハイリターン」になることを理解している
	13	☑ 資産形成では、複数の異なるリスクを持つ商品に分散して投資するのが効果的であると理解している
	14	☑ 資産形成では、長期運用が効果的であると理解している
情報収集や相談	15	☑ 金融商品を利用するときは、事前に正しい情報や相談先にアクセスし、アドバイスを求めるようにしている

金融庁「金融経済教育研究会報告書（2013年）」をもとに作成

増える詐欺や、情報流出。情報リテラシーを身につけよう

　フィンテックが普及して、様々な企業が金融に携わることができるようになるということは、悪徳業者が付け入る隙が生まれるということでもあります。もちろん、国や金融機関、企業にはセキュリティ対策を万全に行うことが求められていますが、それに頼りきらず、消費者それぞれが情報リテラシーを高める努力をすることが大切です。

　最も気をつけたいのは、詐欺。仮想通貨やブロックチェーンといったフィンテック関連のキーワー

●情報リテラシーを高めるためには

IDやパスワードの使い回しは避ける

ネットショップの会員ページやフィンテックのアプリケーションなどにアクセスするIDやパスワード。覚える手間を省くために同じものを使い回す人も多いが、その都度変える。

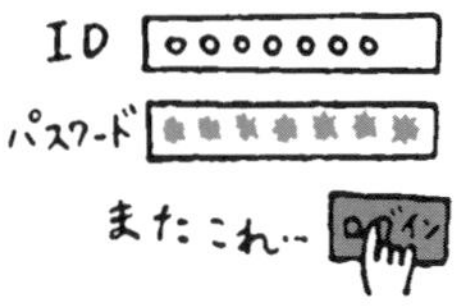

迷惑メールなどのウイルス対策は万全に

メールなどを通じてコンピューターウイルスに感染し、情報漏洩してしまうこともある。迷惑メールフィルターやセキュリティソフトを積極的に活用して、感染のリスクを減らす。

新しいサービスや業者は事前に信頼性を確認

次々に新しいサービスや企業が登場するため、信頼できるものかどうかの見極めが難しい。金融庁のサイトで確認するなど、積極的に情報収集を行う。

金融庁「免許・許可・登録等を受けている業者一覧」
https://www.fsa.go.jp/menkyo/menkyo.html

【確認できる業者の種類】
預金取扱等金融機関（銀行や信用金庫など）／電子決済等代行業者等（p34）／金融商品取引業者等／保険会社等／信託会社等／金融会社（貸金業者など） など

SNSなどでの個人情報発信は慎重に

SNSにアップしたものは誰もが見ることができる。自分の情報をどこまで公開するか線引きし、住んでいる地域や家族など、個人情報の特定につながるような投稿は避ける。

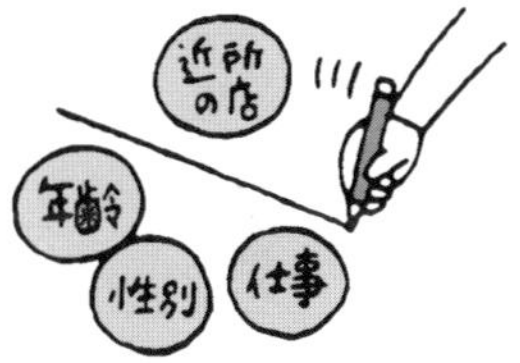

ドを巧みに用いて、「上場の可能性がある未公開株を買いませんか」といった詐欺話が増えることが予想されます。

怪しげな儲け話を避けるのはもちろん、情報の信憑性を確かめて慎重に行動しなければなりません。

個人情報の管理に注意を払う

また、個人情報の管理には、細心の注意を払うべきです。アプリケーションなどにログインするためのIDやパスワードは使い回しを避け、定期的に更新すると安心です。

SNS（ソーシャル・ネットワーキング・サービス）を利用するときも、個人情報をどこまで公開するか、考えて投稿するようにしましょう。

1分でわかる!

第3章のおさらい

銀行には、外部の事業会社と連携するための対策や、サービス業としてユーザーの利便性を高めようとする姿勢が求められている。

銀行以外の金融機関（証券会社、クレジットカード会社など）にとって、フィンテック企業は脅威にも機会にもなる。

ケータリングや民泊といった“実体のあるサービス”を展開する事業会社が、既存のサービスに付帯する形で金融サービスを展開することが予想される。

日本は現金社会とはいえ、データのお金（電子マネー、クレジットカード、ポイントなど）で決済する機会が増えている。

金融は「黒子」のような存在だが、フィンテックの普及で金融サービスが生活の中に埋め込まれ、さらに黒子化が進むと予想される。

損をしたり、詐欺や情報流出に遭ったりしないために、金融の知識や判断力を身につけ、情報管理を徹底することが大切。

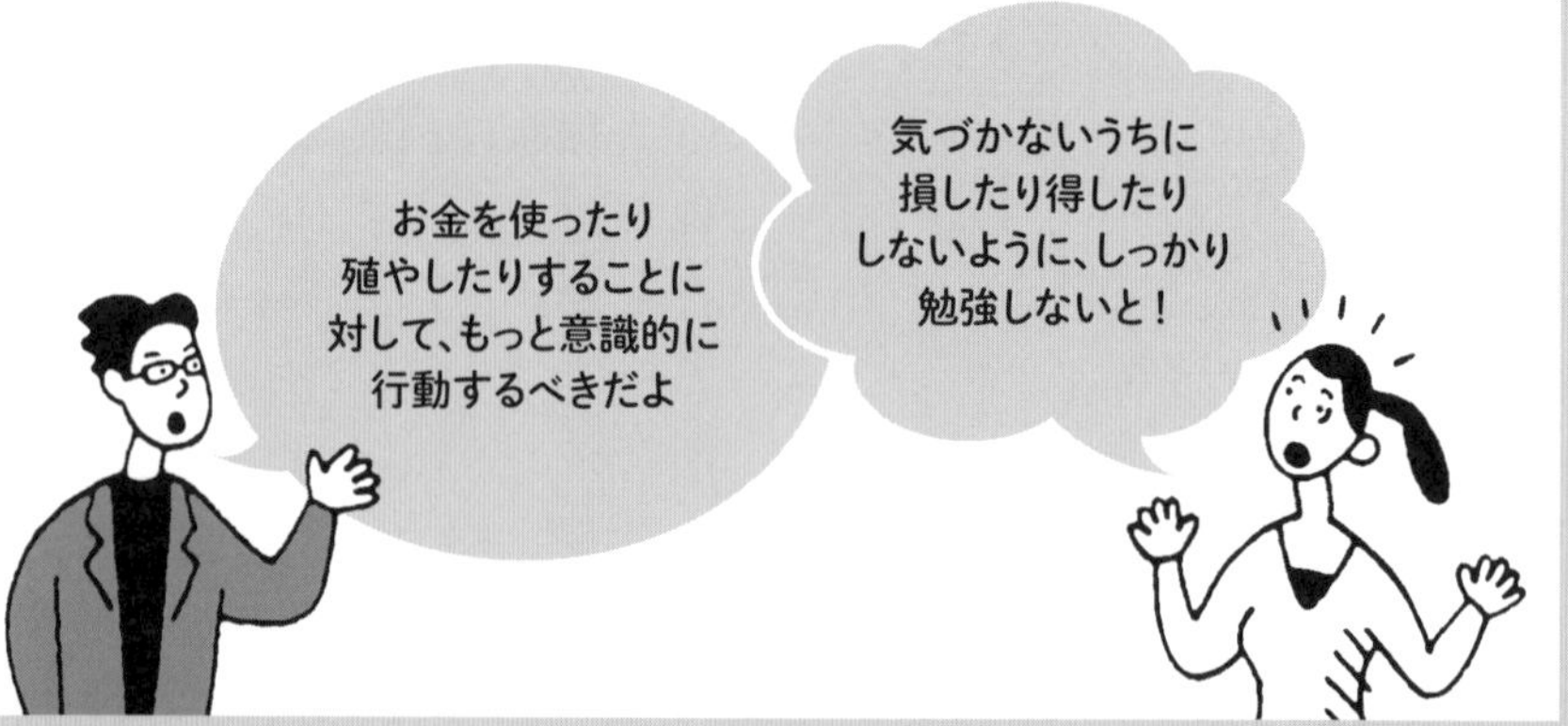

第4章

フィンテックを支えるキーテクノロジー

フィンテック発展の背景には、テクノロジーの進化があった。
今では当たり前となっている「モバイル」や「クラウド」から、
活用が注目されている「ブロックチェーン技術」まで。
フィンテックを理解するために必要な、IT技術の基礎知識を紹介。

テクノロジーの大幅な進化がフィンテックの誕生と発展を支えてきた

フィンテックがこれほど発展した背景には、テクノロジーの進化があるんですよね？

その通り。そもそもフィンテックが生まれた背景には、インターネットという大きな技術革新があった。インターネットが登場したのが、１９９０年代。そこから20年ほどの間に、フィンテックサービスの制作や利用に欠かせないテクノロジーが続々と登場、進化してきたんだ。

具体的に、どんなテクノロジーがあるのか教えてください。

主要なテクノロジーは、時系列に見ると、「ＡＰＩ」、「ＩｏＴ」、「人工知能（ＡＩ）」、「ビッグデータ」、「デザイン（ユーザーインターフェースとユーザーエクスペリエンス）」、「モバイル」、「クラウド」、「ブロックチェーン」の８つ。なかでも特に注目すべきは、モバイル、ビッグデータ、ＡＩだろう。

モバイルは、時間と場所を問わず金融サービスにアクセスできるようにし

【ここ20年ほどで登場したキーテクノロジー】

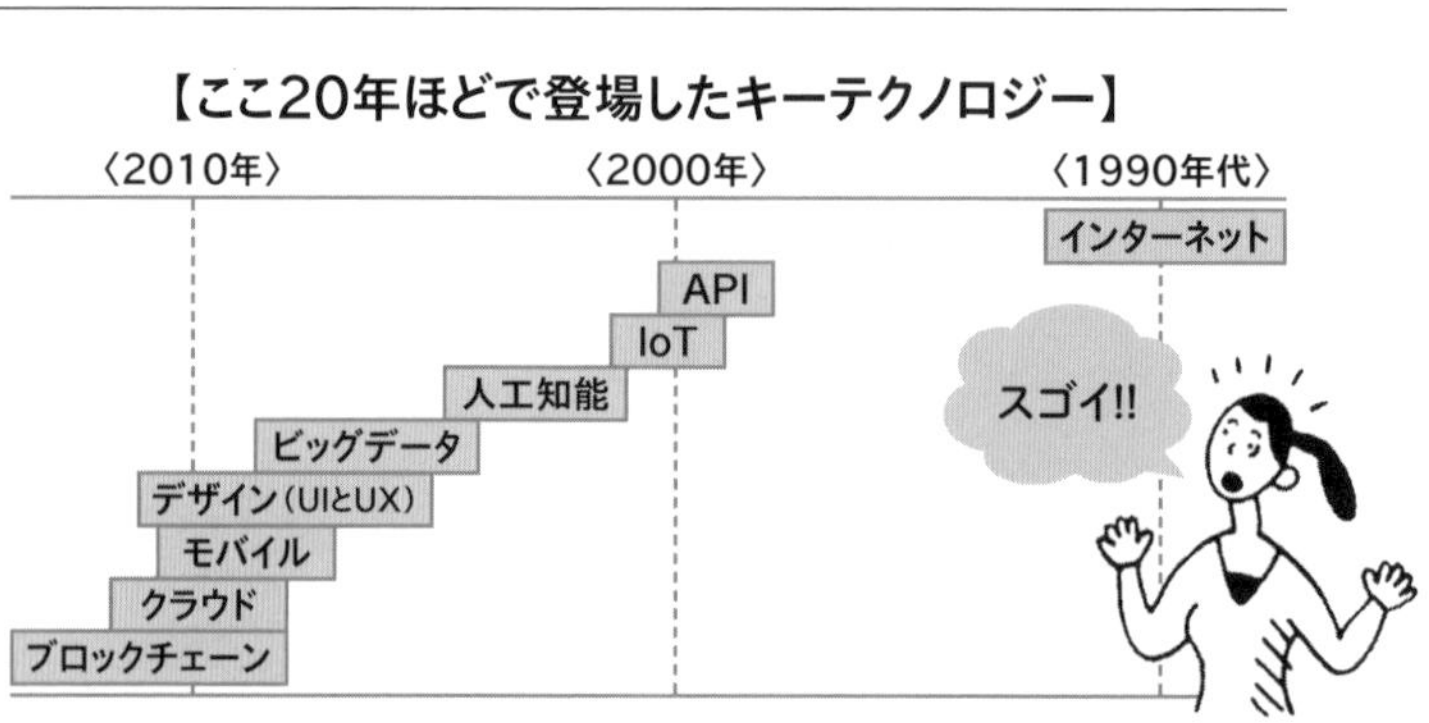

たという点で、フィンテックの発展と普及に大きく貢献した（第1章）。

また、ビッグデータをＡＩで分析し、与信判断や投資のロジックの決定に利用できるようになって、フィンテックサービスは飛躍的に向上した。この２つはフィンテックを後押しするテクノロジーの両輪といえるよ。

個人的には、最近よく耳にする「ブロックチェーン」も気になります。

ブロックチェーンは、仮想通貨を支える技術として知られているね。「管理する人がいないにもかかわらず絶対に安全」という画期的な技術だけれど、仮想通貨以外で使われている例はまだ少ない。金融に限らずどんなシーンで活用できるか、世界中で模索されている段階だよ。

8つのテクノロジーに、「デザイン」が入っているのに違和感が……。〝技術〟として数えられるものなんですか？

ここでのデザインとは、アプリやサイトの文字や配色、構成、操作性などを指しているんだ。これらはサービスの〝入り口〟ともいえるもの。たとえ素晴らしいサービスでも、ユーザーに「見づらい」「使いづらい」と感じさせてしまったら、選ばれることはないよね。デザインは、フィンテックの競争と発展に大きく関わる技術として注目すべきだよ。

◆モバイル

フィンテックサービスの利用にも発展にも欠かせない存在

モバイル端末には、スマートフォンやタブレットがあります。これらの普及によって、時間や場所にかかわらずインターネットにアクセスし、オンライン上のサービスを受けられるようになりました。

フィンテックサービスも同様。全てのサービスがスマホからアクセスできるため、銀行の窓口やATMに足を運ぶことなく口座管理ができますし、クレジットカードや現金の持ち合わせがなくても決済が可能です。こうして誰もが金融サービスを〝持ち歩ける〟よう

モバイルが持つ2つの特性

● 持ち運べることの強み

携帯電話の位置情報を活用したサービスも

GPS機能で得られた位置情報を利用し、付近にいるユーザーだけに店舗で実施中のキャンペーンを通知し、集客につなげる例も。

● 高性能の内蔵カメラ

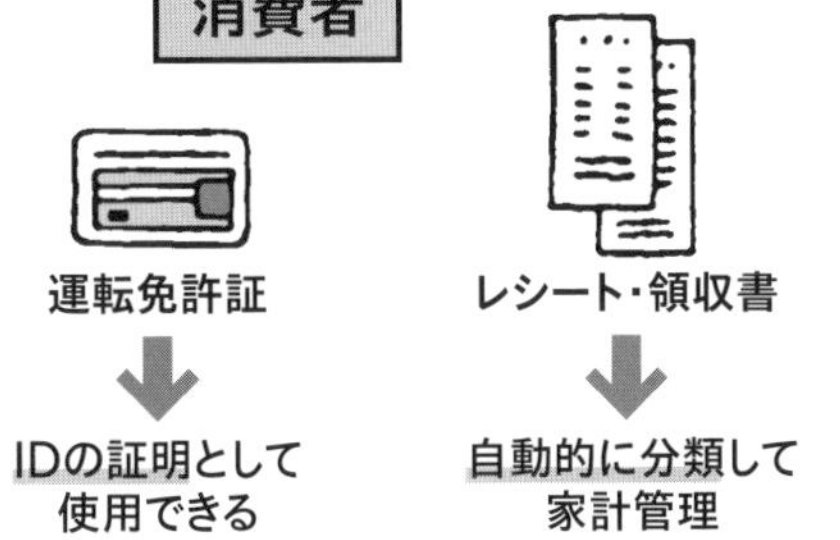

サービス発展に欠かせない情報がやり取りされるように

フィンテック企業は、カメラの画像認識などで、多様で大量の個人データを入手できるようになった。それを活用し、より充実したサービス作りが進む。

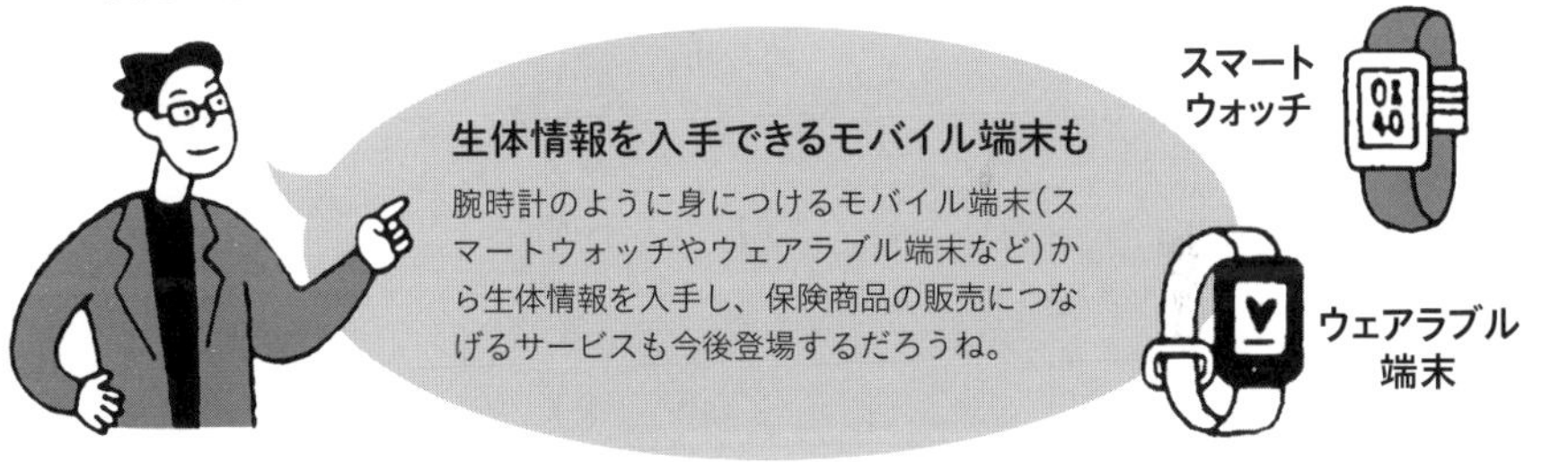

になったことが、フィンテック普及の追い風となりました。

端末から得た情報を利用

さらに、モバイル端末から得られる情報が、新たなフィンテックサービスの開発にもつながります。

例えば、金融機関向けの集客サービス。スマホのＧＰＳ機能から位置情報を得て、特定の場所にいるユーザーだけに、お得な情報を通知し、店舗へ集客します。

家計簿アプリなどでは、ユーザーがレシートや領収書を撮影してアップロードしますが、企業側はこうして得られた消費活動やお金の流れに関する個人情報を、サービス拡充に利用します。

フィンテックの利用と提供、双方に欠かせない技術といえます。

◆クラウド①

“雲の向こう”で作られたサービスをいつでも好きなだけ利用できる

ネットなどの回線から遠隔利用

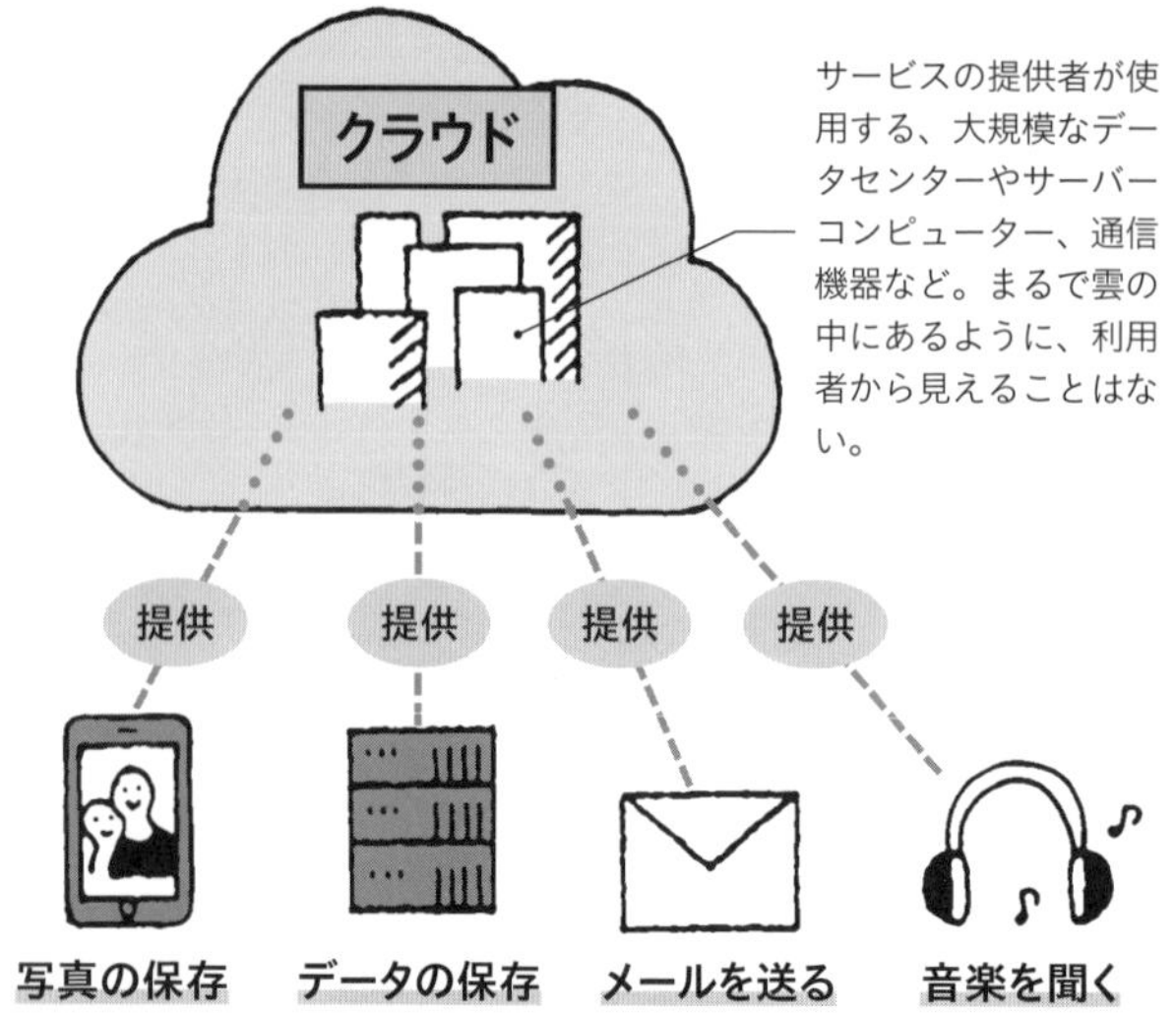

ハードウェアやソフトウェアを持たなくても必要なときに必要なだけサービスを利用できる

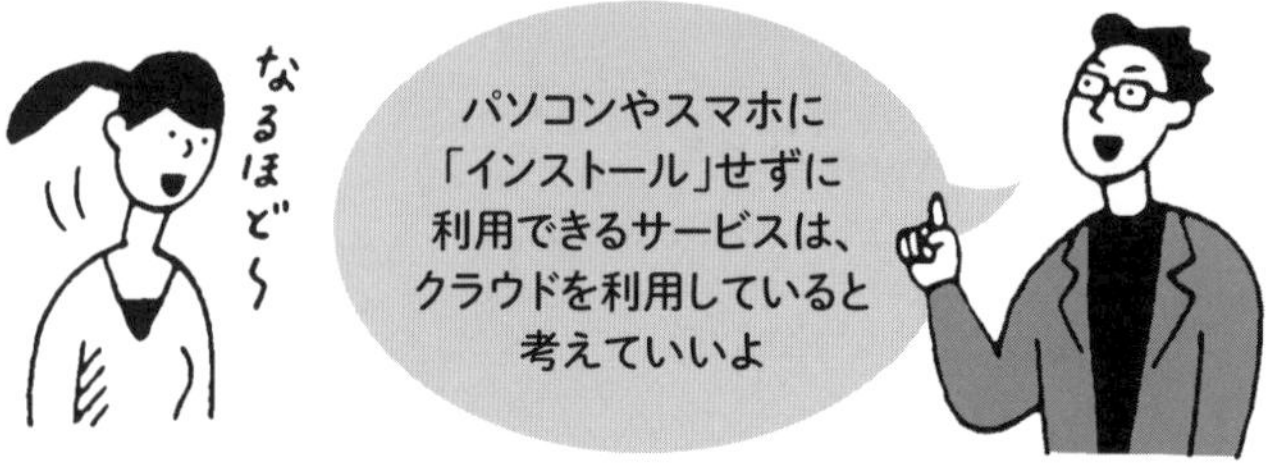

クラウドは、インターネットなどの回線から、ソフトウェアやサービスを遠隔利用できる環境のこと。インターネット（雲＝cloud）の向こうのサービスを利用することから、その名がつきました。

システムやサービスを利用するには、通常ソフトウェアをインストールしたり、大容量のサーバーを用意しなければなりません。しかし、クラウドでは、そうした手間がかからず、必要なときに必要なだけサービスを利用できます。

インターネットにつながる環境

●一般の消費者も技術者も利用している

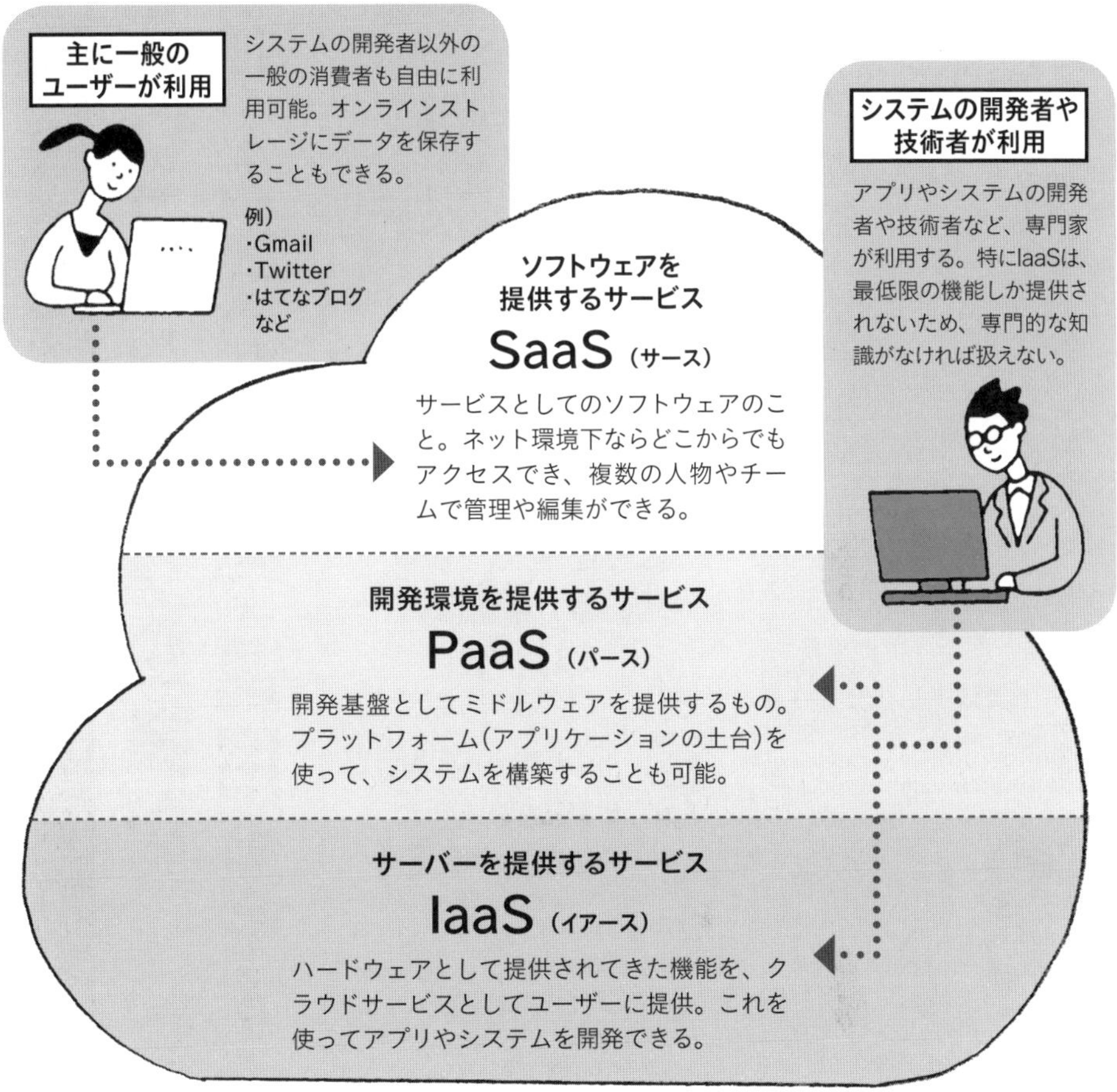

であればどこからでもアクセスできるため、複数の端末から同じデータを共有することもできます。

「クラウド会計」が代表格

　クラウドには階層があり、ユーザーだけでなくサービスを開発・提供する企業も利用しています。

　クラウド技術を使った身近なサービスでは、画像や文書の保存・共有ができる「Dropbox（ドロップボックス）」や、Googleのフリーメールサービス「Gmail（ジーメール）」などが有名です。

　フィンテックサービスでは、「クラウド会計」（p60）が代表格です。会計ソフトをパソコンごとにダウンロードする必要がなく、複数の社員や会計事務所と会計情報を共有することができます。

◆クラウド②

新しいフィンテック企業が新サービスを開発・運用しやすくなった

クラウド技術がもたらすものは、ユーザーの利便性だけではありません。フィンテック企業が、新しいサービスを開発・運用しやすい環境を作ったという点でも注目されています。

フィンテックサービスの開発や運営には、様々な設備が必要になります。例えば、サービスを提供・運用するために必要なコンピューター（サーバー）や、データを長期間保管する記憶装置（ストレージ）、コンピューターを動かすための基本ソフト（OS）など。

サーバーを提供するクラウドの例

●クラウドがなかったら…

システムの開発、運用には莫大なお金がかかった

サービスの開発には、サーバー（他のコンピューターにファイルなどを提供するコンピューター）が必要。しかも、システム完成後に顧客が増えることを見越し、最初から多めに用意する必要があった。

● クラウドがあると…

巨大なサーバーの一部を借りて利用できる

多くのフィンテック企業がインターネットを介して、外部のプロバイダーが提供する巨大なサーバーを部分的に利用している。事業規模に応じて、低コストで利用量を変更できるので便利。

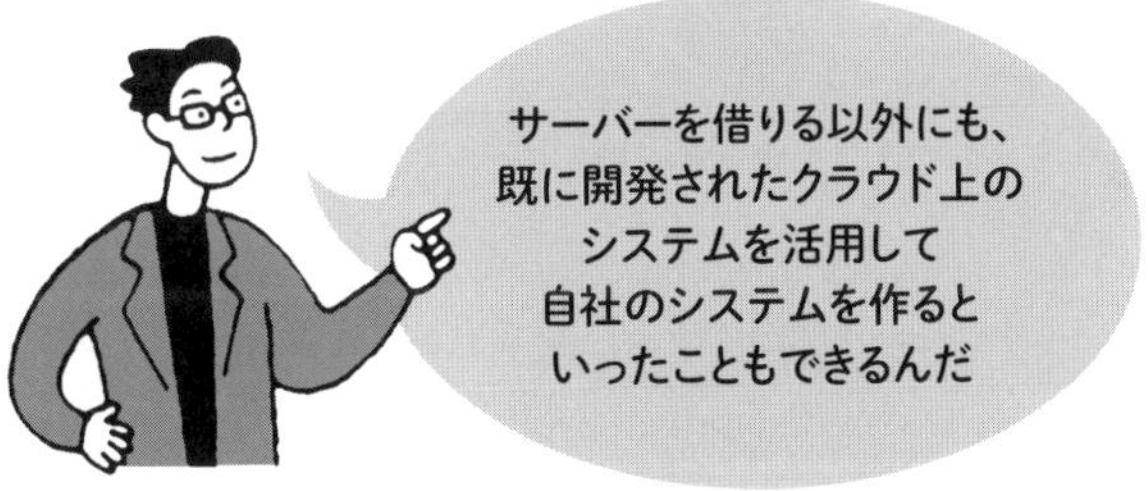

これらを全て自前で揃えるには、莫大なコストがかかります。

　しかも、サービス発売後の利用量を予測することは難しいため、利用者が増えることを見越し、サーバーを多めに用意する必要があります。新興企業にとっては、フィンテックサービスを始めるうえで大きな障壁でした。

必要設備をクラウドで調達

　そこで、多くのフィンテックサービスの開発者は、クラウドで必要な設備を調達しています。今では、サービスの運用に必要なサーバーをクラウド上のデータセンターから借りたり、クラウドに公開されたシステムを活用してサービスを開発するのが一般的になっています。

◆ビッグデータ①

膨大な情報を集めて解析することで新たなサービスが生まれる

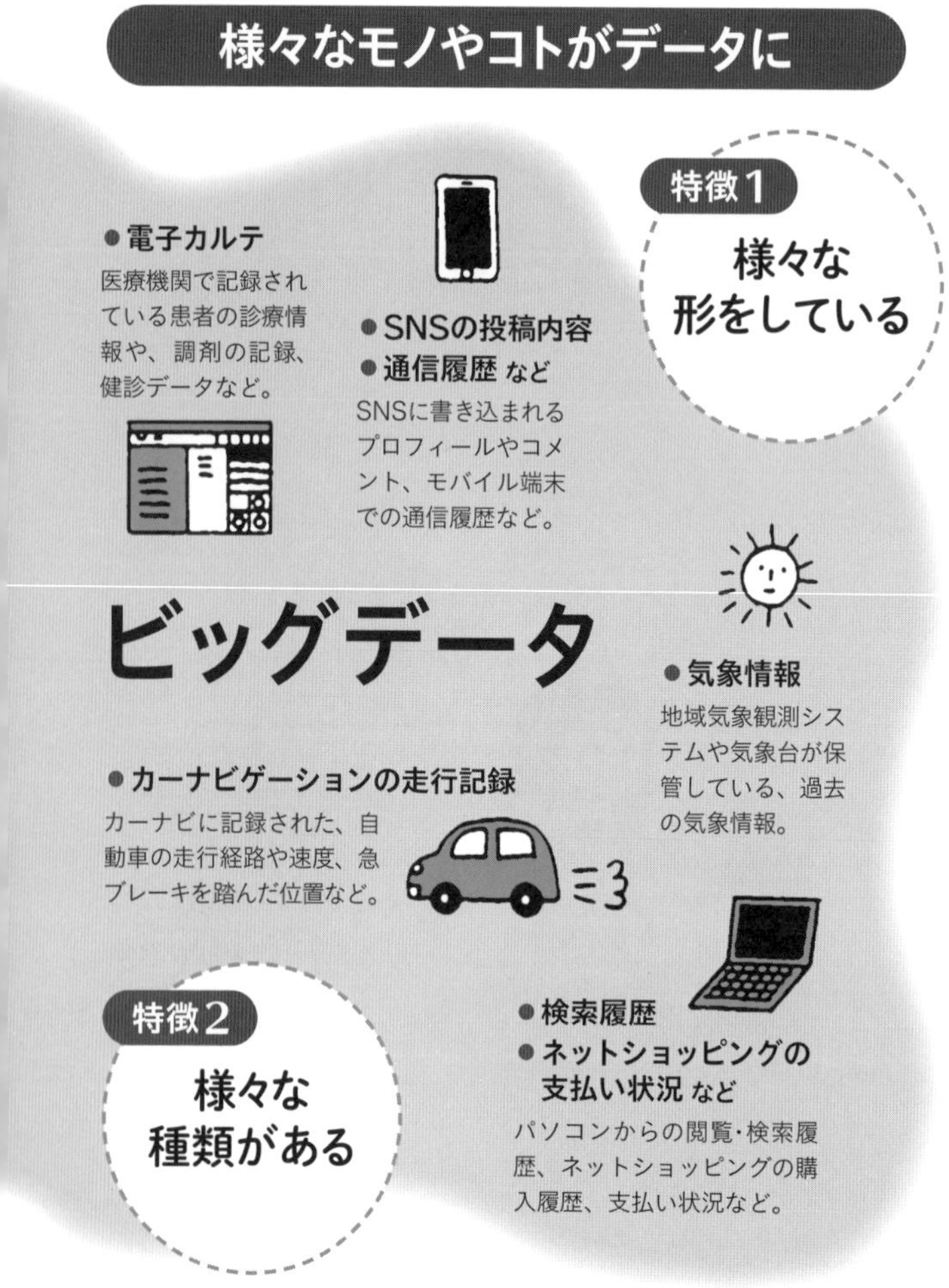

ビッグデータは、単に大量のデータというわけではなく、様々な形や性格を持った、様々な種類のデータ群を指します。

具体的には、個人がＳＮＳに投稿した情報やウェブサイトの閲覧履歴から、モバイル端末のＧＰＳ機能から得られる位置情報、カーナビの走行記録、店舗の売上データまで多岐にわたります。

ビッグデータが誕生した背景には、コンピューターの基本性能が向上したおかげで、誰もがより多くの情報を発信できるようになっ

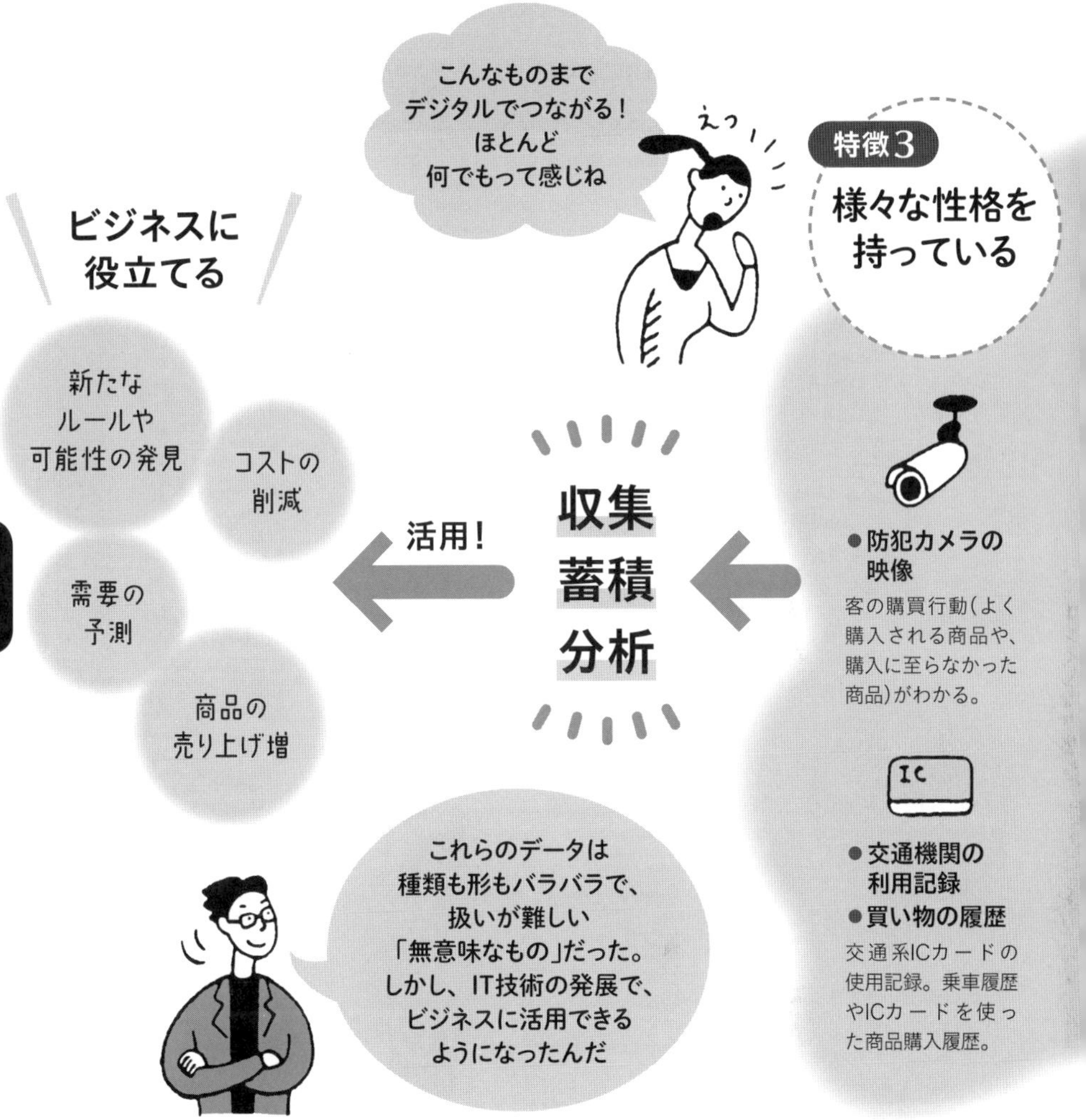

たことや、様々なものがインターネットにつながったために今まで入手困難とされた情報が収集できるようになったことがあります。

増えれば増えるほど発展

ビッグデータは膨大で雑多なため、従来の管理システムでは保管や解析が難しく、見過ごされてきました。しかし、人工知能（ＡＩ／p108）が登場したことで、これらを分析し、新しいサービス作りに役立てることができるようになりました。

ビッグデータはその特性上、日々生成され、記録されています。量が増えれば増えるほど、より正確な分析が可能になるため、今後ますます発展が期待されている技術といえます。

◆ビッグデータ②

個人情報の収集や活用は、金融サービスの発展に不可欠なもの

知り得なかった情報も入手

SNSの情報をもとに与信を行う

SNSへの投稿や登録しているプロフィール、やり取りの履歴などから、趣味嗜好や友人関係など、その人物の「人となり」を表すような情報を得て、融資の際の与信審査に使用する。

ツイッターのつぶやきから投資のリスクを計算

投資予定の会社やビジネスについて、周りのつぶやきから状況をリアルタイムに把握。リスクをいち早く察知し、安全に投資を行うことができる。

情報の収集や分析は、金融業には欠かせない技術です。金融サービスを提供するためには、与信情報や顧客の入出金についての情報など、様々な情報を集め、精査する必要があるからです。

これは、ビッグデータが金融業界において、特に大きな価値を持つことを意味します。

例えば、SNSにアップされた趣味嗜好や交友関係からわかる人物像は、融資の可否や利率を決める判断材料として使うことができます。これによって、実績などの

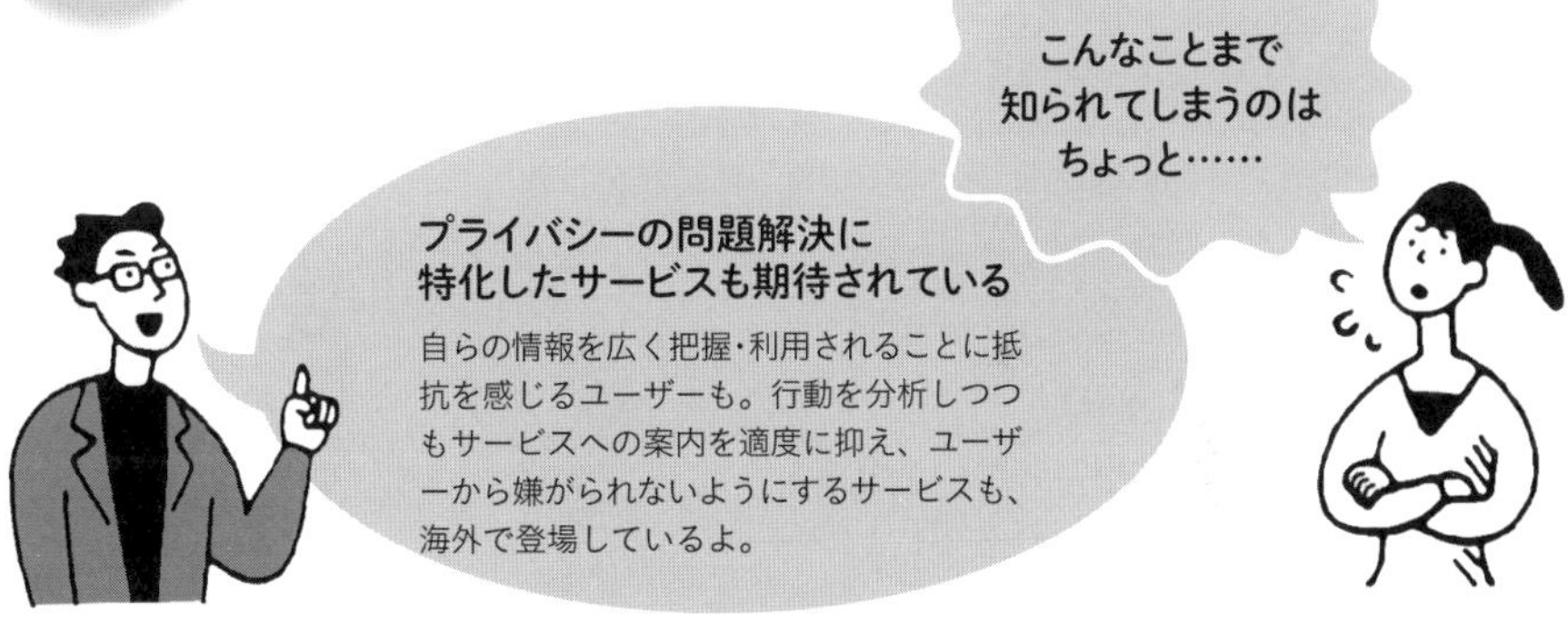

従来の評価軸では評価されなかった人や新興企業に対して融資を行うフィンテックサービスも登場しました。

お金の流れを情報として活用

さらに、ネットショップの利用状況や家計簿アプリを通じて入力された情報も、フィンテックにとっては有益です。

これまで、買い物や支払いの状況、入出金などは、お金を使う本人しか知り得ないことでした。しかし、今ではビッグデータとして個人のお金の流れが見えるようになったことが、新たなサービスの可能性につながっています。例えば決済分野では、預金の入出金情報を自動で取得し、サービスに反映させる機能などがあります。

限りなく人間に近い存在になった。状況判断や意思決定ができる人工知能

人工知能の進化は、大きく4つのレベルで表されます。

レベル1は、単純な制御プログラムを指します。例えば、温度変化を察知して、スイッチの切り替えを行う全自動エアコンなどです。

レベル2は、制御プログラムを組み合わせ、対応パターンを極端に増やしたもの。掃除ロボットや、チャットボットなどです。

レベル3は、膨大な情報をもとに、ルールや知識を自動的に学習する「機械学習」を行います。将棋ソフトなどがこれにあたります。

人工知能のレベルは4つ

Level 1　単純な制御プログラム

単純な制御アルゴリズムを使ったもの。例えば環境に合わせて室温を調整するなど、あらかじめプログラムされた特定の動作しかできない。

例）**スマート家電** など

Level 2　制御プログラムを組み合わせパターンを増やす

人間の知識をできる限り、事前にプログラムに取り込んだもの。対応領域は広がったものの、アルゴリズムで動作が決まり、学習することはできない。

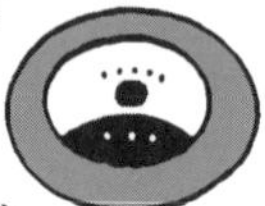

例）**掃除ロボット** など

Level 3　データをもとにルールや知識を学習

大量のデータをコンピューターに与えることで、ルールを学習し、行動パターンを増やしていく。材料となるデータは、人の手で与える必要がある。

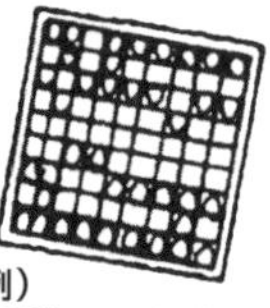

例）**将棋ソフト** など

Level 4　ディープラーニングを活用したもの

学習に必要な材料（データやルールなど）まで、自ら学習するもの。学習を繰り返すことで、より早く、より多くの対応パターンを持つことができる。

例）**音声検索** など

AIの学習方法とは

●例：りんごとみかんの画像を見分けさせる

＊機械学習の場合

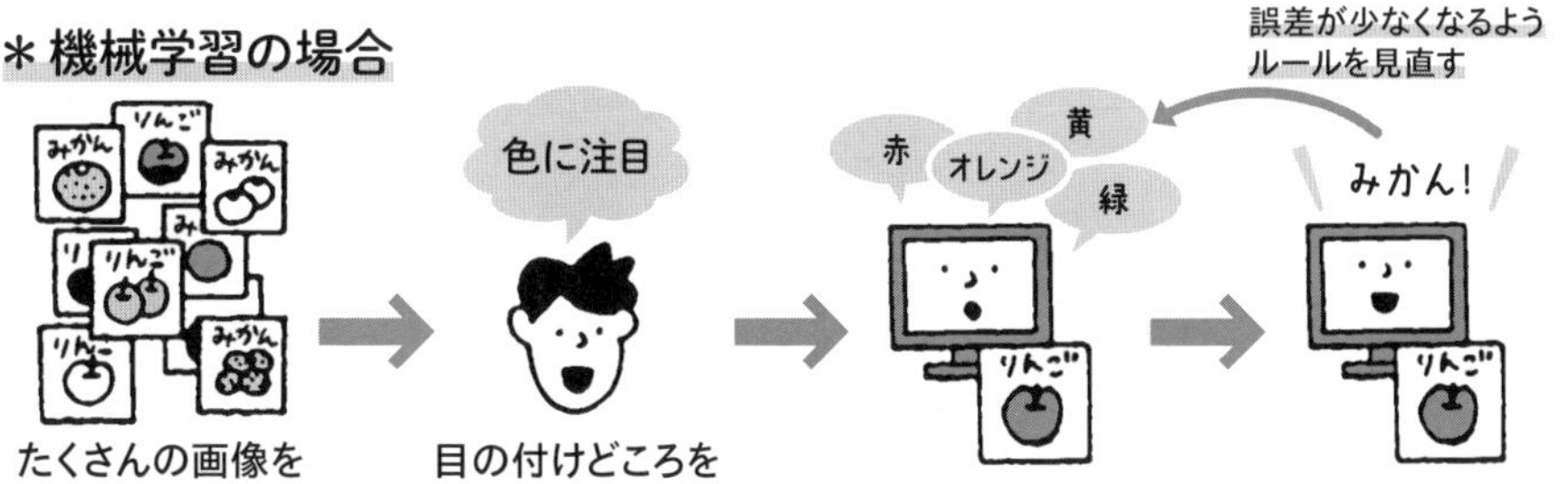

たくさんの画像を見せる
様々なりんごとみかんの画像（全てに正解が書いてある）を入力。

目の付けどころを教える
分類のヒント（特徴）を、コンピューターに与える。この場合は「色」。

検証する
色を検証。最初は全ての色についての結果を足し、平均をとる。

答え合わせ
誤差が小さくなるよう検証時のルールを見直す。

＊ディープラーニングの場合

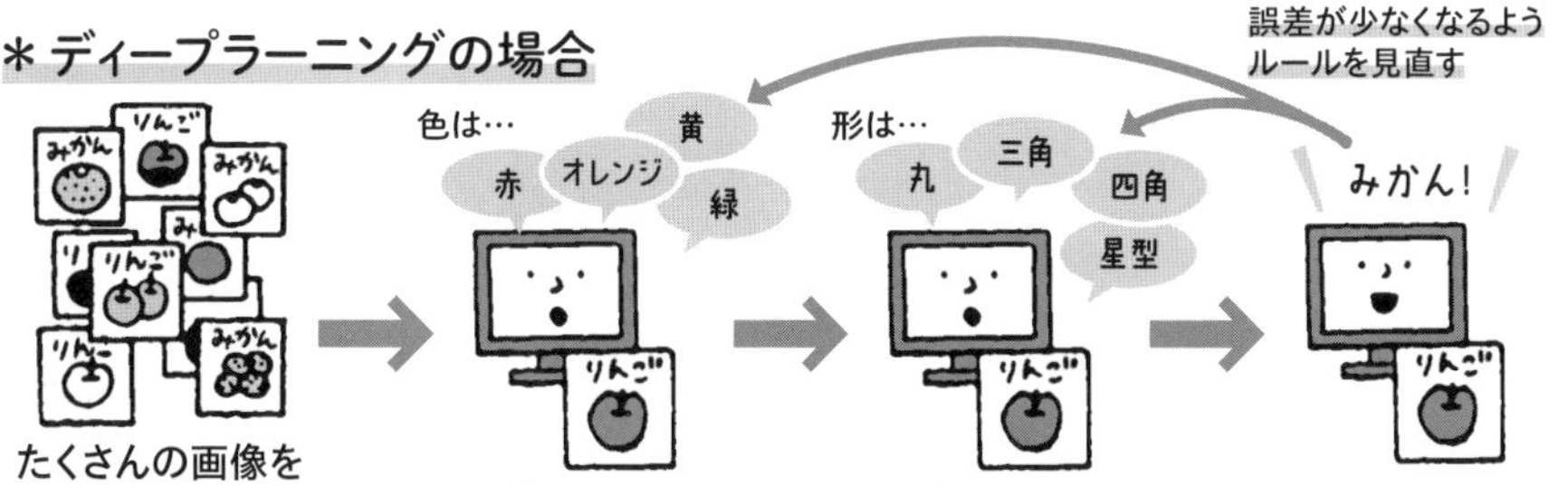

たくさんの画像を見せる
様々なりんごとみかんの画像（全てに正解が書いてある）を入力。

検証する
コンピューターが分類のヒント（特徴）を自ら学習し、検証を行う。

さらに検証を重ねる
さらに別のヒント（特徴）を学習し、検証を行う。この場合は「形」。

答え合わせ
誤差が小さくなるよう、全ての検証をさかのぼってルールを見直す。

レベル4は、ディープラーニングを活用したもの。ディープラーニングとは、機械学習で利用する「データの特徴量」そのものを自動学習することで（上図）、音声検索などがあります。

単なる指示出しや簡単な質問に答えるレベルから、より人間に近づいているといえます。

ビッグデータとともに進化

フィンテックの発展に貢献し、話題になっているのは、レベル3や4で行われる「機械学習」と「ディープラーニング」。学習に必要な膨大なデータ（ビッグデータ）が揃ったことで、演算能力を発揮できるようになったのです。ビッグデータの発展とともに、今後ますます進化が期待されています。

◆AI（人工知能）②

人より精度の高い分析ができる。融資や投資の分野で人工知能が活躍

人工知能の活用シーン

活用1

融資を決めるときの与信判断を行う

SNSの投稿などから集めた顧客固有の情報や、ネットショップでの購買行動といったデータを、AIで分析し、融資できるかどうか判断。最終判断のみ担当者がチェックする場合も。

活用2

資産運用のアドバイスを行う

顧客が興味を持っている分野などの個人情報や、過去の市場データを、AIで分析。顧客の意向に沿った金融資産の組み合わせについて、アドバイスを行う。

人工知能を活用することが多い分野は、クラウドファンディング（p50）やソーシャルレンディング（p52）などの融資サービスです。

顧客の特性やネットショップの購買履歴などのデータを人工知能で分析し、融資の可否を決める際の判断材料にしたり、利率に反映させたりします。融資可否の最終判断を専門家がチェックし、その結果を人工知能に機械学習させることで、より分析の精度を高めるという使い方もあります。

その他、ロボアドバイザー（p

活用3

コールセンターやオンライン窓口での対応

相談内容を自動処理して適切な担当者につないだり、相談内容を分析してオペレーターが回答する際に必要となりそうな資料を画面表示したりといった、窓口業務の支援を行う。

活用4

株式の超高速取引を実現

AIが組み込まれたコンピューターを使って、1秒に数千回もの頻度で株式の売買を繰り返す。株価の値上がりや値下がりの兆候を察知し、小幅な利益を積み上げることができる。

活用5

不正検知の精度を高める

クレジットカードの不正手口をAIに学習させることで、不正利用を未然に防ぎ、いち早く察知できる。証券会社の金融取引でも、不正パターンの学習によって、疑わしい取引を検知することができる。

学習のもととなるデータの量が多いと、精度も上がる。活用されればされるほど、機能も高まるということだ

54）やコールセンター業務などでも人工知能が活用されています。

活用のメリットは2つ

　人工知能を活用するメリットは、主に2つあります。

　1つは、コストを削減できること。これまで専門家が行ってきた与信判断や資産運用のアドバイスといった業務が機械化され、コストカットが可能になりました。

　もう1つは、サービスの質の均一化です。人間が行う場合はサービスの質にばらつきがありますが、人工知能が機械的に提供するサービスであれば、その心配もありません。

　金融機関でもベンチャー企業でも、人工知能の開発がこれから進むと予想されています。

1つの入り口から複数のサービスを使うには企業と企業の「連携」が欠かせない

APIの仕組みの基本

● 身近なところで活用されている

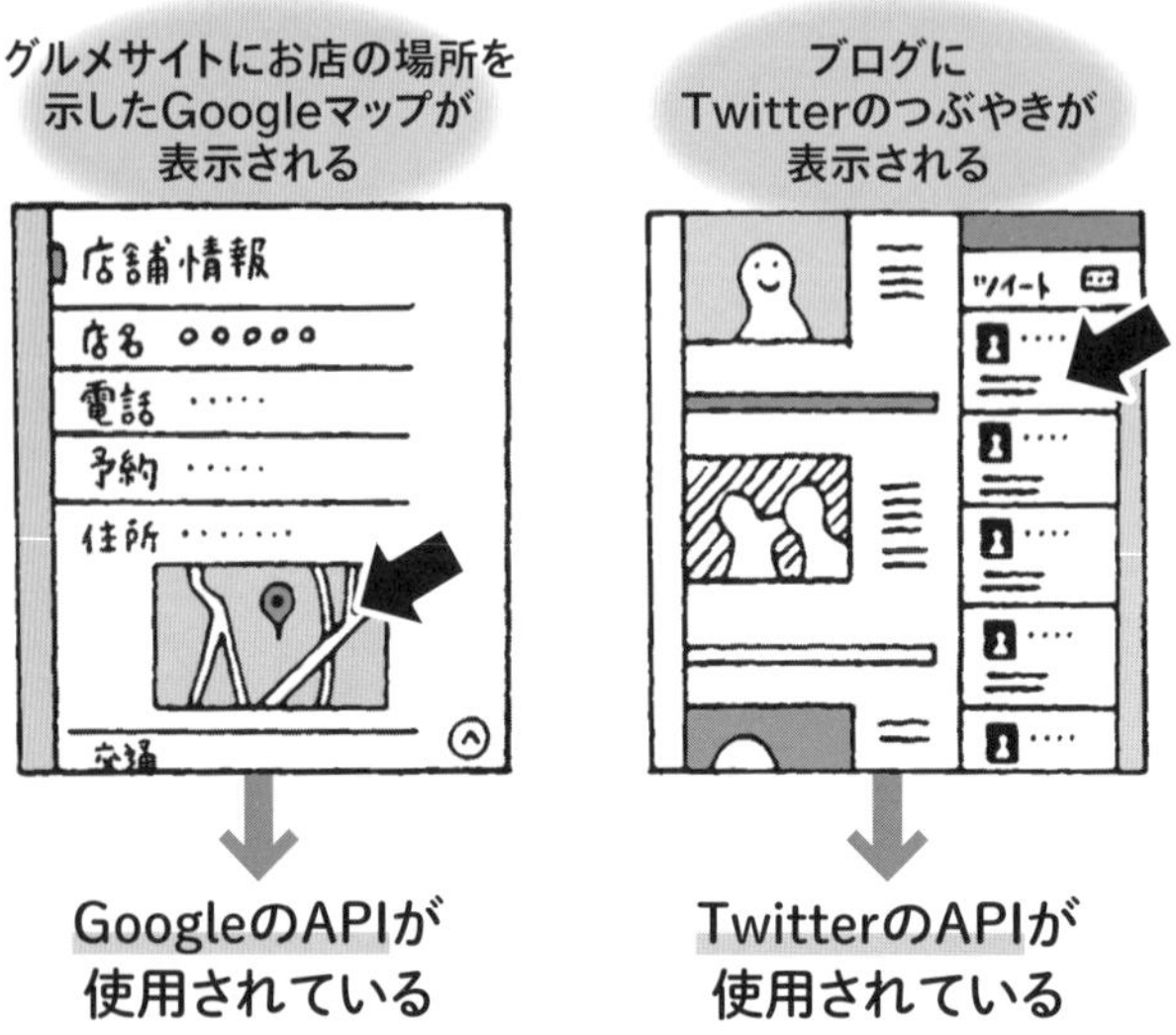

上記は、一般のユーザーが体験できるAPIの活用例。他のソフトウェア（この場合GoogleやTwitter）の機能を埋め込むことで、サイトで自由にGoogleマップやTwitterを使える。

APIとは、「アプリケーション・プログラミング・インターフェース」の略。あるアプリケーションの機能や、管理しているデータなどを、他のアプリケーションから呼び出して利用するための接続仕様や仕組みを指します。

また、APIを他の企業や機関に向けて公開することを、「オープンAPI」といいます。

よく目にする例では、グルメサイトの店舗情報として、店の場所を示したGoogleマップが表示されるサービスがあります。この場

● APIは「ネジ穴」と「ネジ」のセットのようなもの

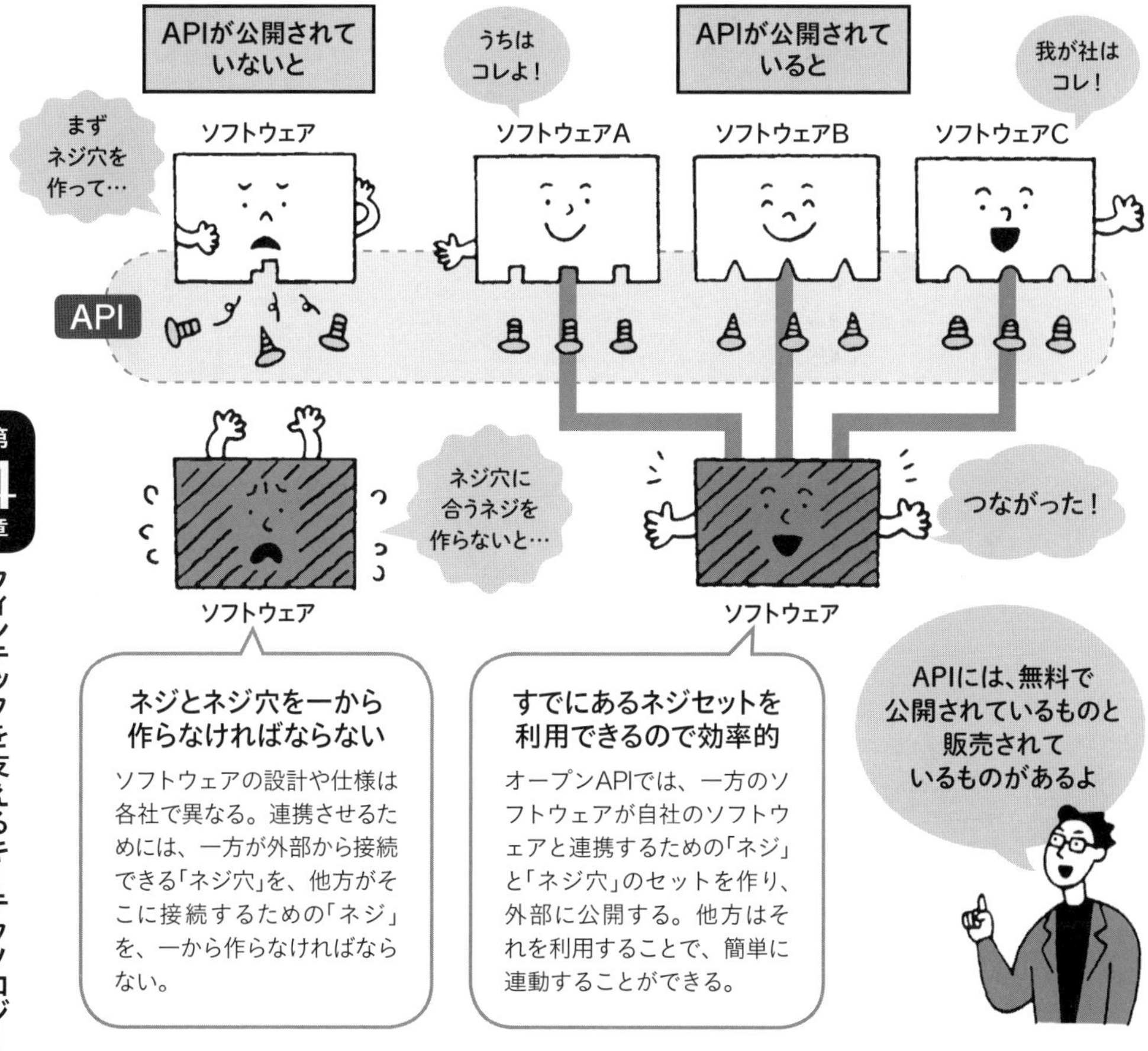

合、GoogleマップのAPIが利用されています。もしこの機能がなければ、グルメサイトで住所を確認後、Googleマップを開いて住所を入力し、調べなければなりません。つまり、1つの入り口から様々なサービスを利用できるようにするために欠かせない技術なのです。

API公開でサービスが充実

APIの公開は、フィンテックサービスの発展にとって必要不可欠といわれています。なぜなら、クレジットカードの情報や複数の預金口座などを取りまとめ、お金の管理をスムーズに行うためには、金融機関のシステムと他企業のシステムが連携する必要があるからです。

◆ＡＰＩ（アプリケーション・プログラミング・インターフェース）②

ＡＰＩ公開にはメリット、デメリットがある。どこまで連携を許すかはこれからの課題

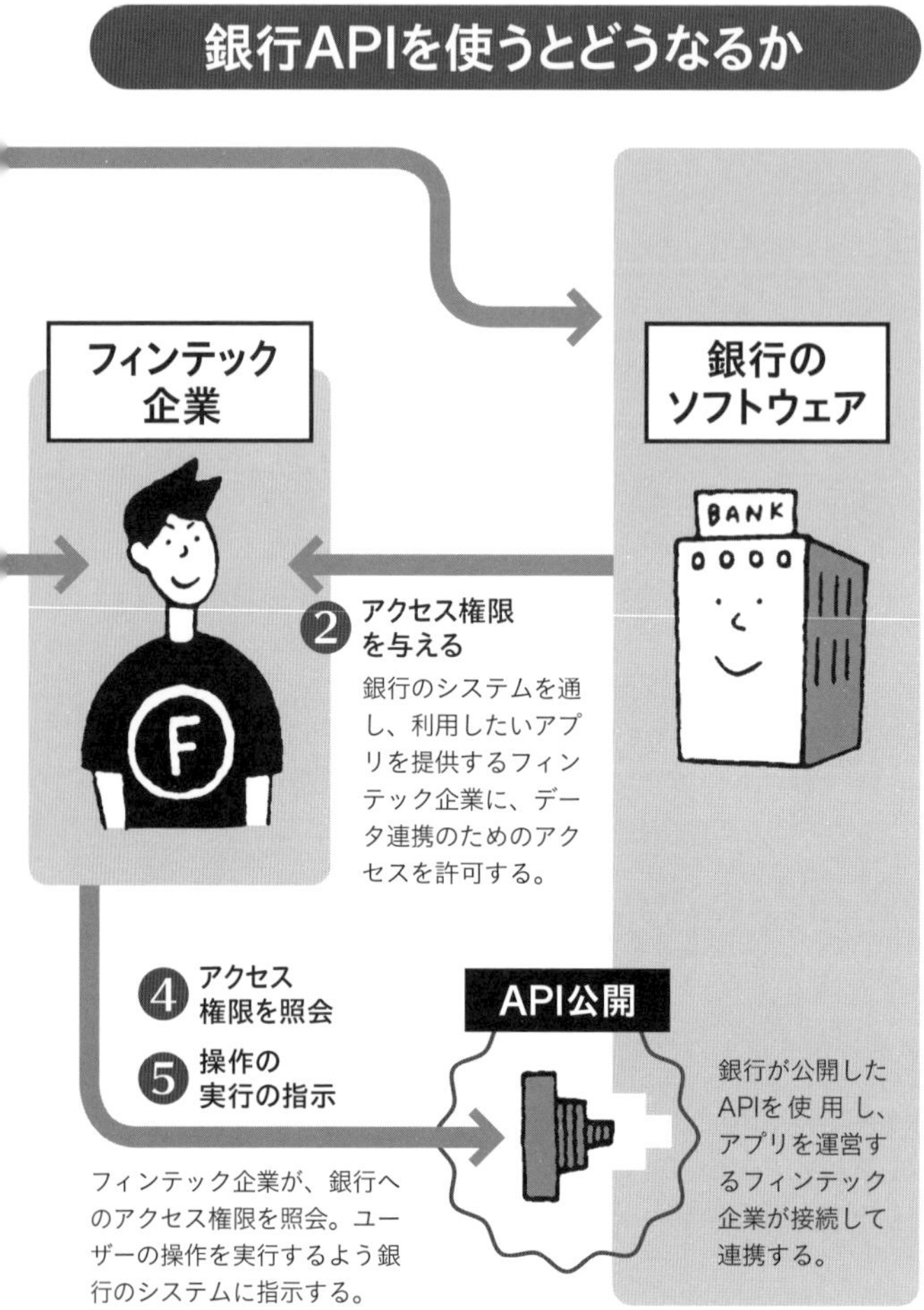

フィンテックを巡る法整備としては、２０１７年に成立した改正銀行法（ｐ34）が話題となりました。オープンＡＰＩを利用して銀行と接続する事業者（電子決済等代行業者）が登録制となったほか、銀行に対してはＡＰＩの公開が努力義務とされました。

従来は、アプリを運営する企業がユーザーから金融機関へのログインＩＤやパスワードを預かり、ユーザーに代わって銀行のシステムにログインしていました。しかし法改正後は、企業はユーザーか

API公開のメリットとデメリット

メリット

公開側のサービス利用者が増え、より良いサービス開発も実現

公開する側からすると、自社のソフトウェアやサービスの利用者が増えるという点でメリットに。使う側からすると、連携しやすくなることで、より良質なフィンテックサービスの開発が可能になる。

デメリット

情報漏洩や不正アクセスのリスクが高まる

連携しやすくなるということは、重大情報に接することができる関係者が増えるということ。なかでもセキュリティの甘い企業をついて、情報が漏洩したり、不正にアクセスされる危険性がある。

消費者

❶ インターネットバンキングへのログイン

まずユーザー自身が、IDやパスワードなどによる認証を経て、銀行のシステム(インターネットバンキング)にログインする。

❸ アプリなどへログインして操作を行う

ユーザーが、利用したいアプリにログイン(認証方法はアプリによって様々)。口座の照会や送金などの操作をアプリ上で行う。

安全かつ正確に連携することが可能

オープンAPIを使った連携は、ユーザーからログイン情報(IDやパスワード)を預かってシステムにアクセスする従来の方法に比べ、安全かつ正確に情報やデータを連携することができる。

ら個人情報を得ることなく、銀行APIを利用してアクセスできることに（上図）。よりスムーズに連携できるようになったうえ、ユーザーにとっては個人情報を知らせずにすむという安心感があります。

API公開にはデメリットも

ただし、API公開にはデメリットもあります。他社と連携するということは、ユーザーの情報に接する関係者が増えるということ。情報漏洩や不正アクセスのリスクが高まることも否めません。

どんなAPIをどこまで公開すべきかといった議論や、事故が起こった場合に誰が責任を負うかなどのルール整備もこれから必要になるといわれています。

全ての取引記録が1本の鎖に。改ざんも不正もできない分散型台帳

ブロックチェーンは、ビットコインに代表される仮想通貨（p66）を支える技術として知られます。

ビットコインでは、取引データが「ブロック」に格納され、時系列順に1本の鎖状に連なっていきます。この鎖状のデータは、ビットコインのやり取りに関わるネットワーク上の全てのコンピューターに保存されます。

法定通貨の場合、取引を記録した台帳を銀行が管理しています。しかし、ブロックチェーンでは、電子台帳をネットワーク上で分散

取引するとブロックがつながる

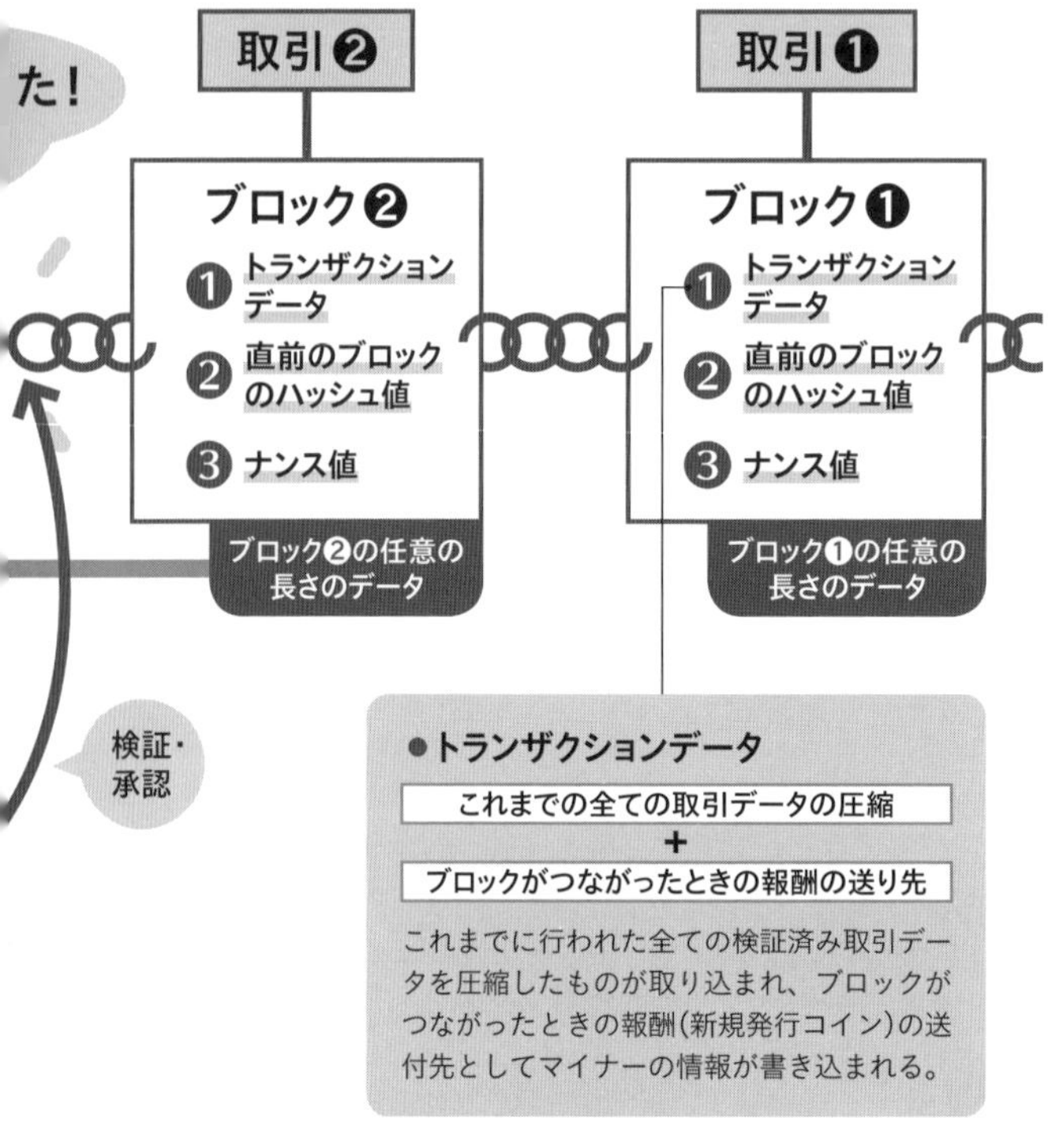

取引を格納したブロックは、「**トランザクションデータ**(取引データ)」「**直前のブロックのハッシュ値**」「**ナンス値**(前のブロックにつなぐための数値)」の3つからなる。前後のブロックはハッシュ関数で関連づけられている。

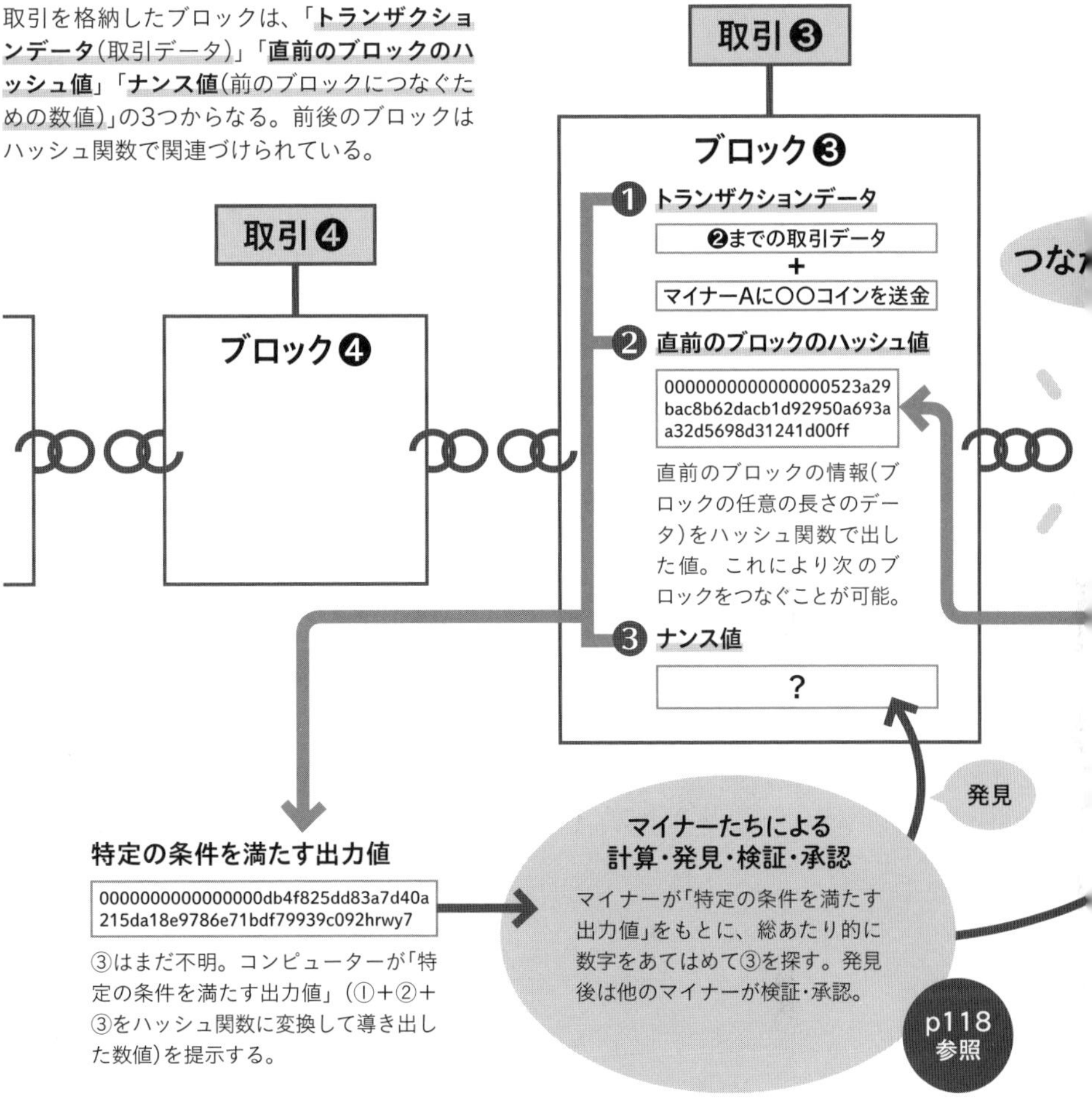

して管理することになります。

分散型の問題点を解消

このように不特定多数の人がネット上で共同作業する「分散型システム」の場合、誰かが不正を行うことで、システムが破綻する可能性があることが問題とされてきました。しかし、ブロックチェーンでは、「プルーフオブワーク」（p118）という仕組みによって、その問題を解決できた点が注目されています。

「ハッシュ関数」とは…

どんなデータも固定の長さの英数字に置き換えることができる関数。入力値が一文字でも違うと出力の文字列が全く異なり、出力値から入力値を推測することはできない。ビットコインでは「SHA-256」という関数が使用されている。

世界中にいるたくさんのマイナーたちが、ブロックをつなぎ、報酬をもらっている

プルーフオブワークの仕組み

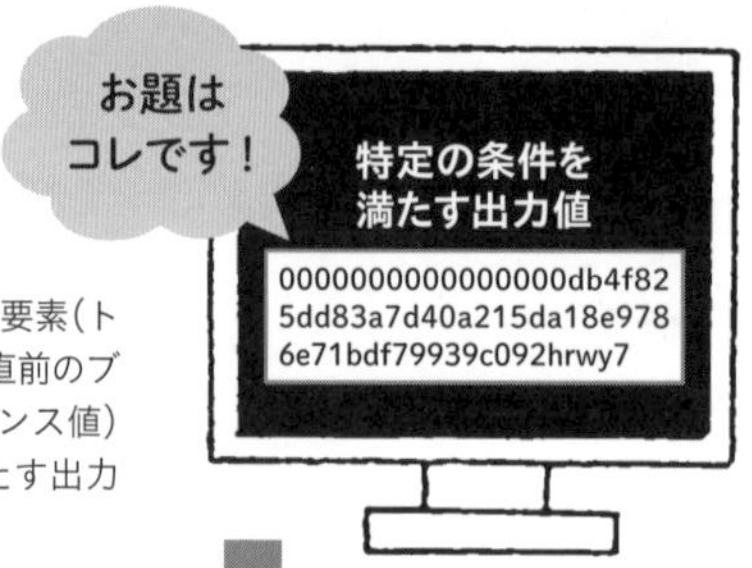

コンピューターが特定の条件を満たす出力値を表示

ブロックを構成する3つの要素（トランザクションデータ＋直前のブロックのハッシュ値＋ナンス値）から、「特定の条件を満たす出力値」を計算して表示。

早い者勝ちの計算競争スタート

マイナーたちが、競ってナンス値の探索を行う。1から総あたり的に数字を打ち込んで探さなければならないため、膨大な容量のコンピューターが必要に。

「分散型システム」（p117）の問題点を解決した「プルーフオブワーク」は、ブロックチェーンをつなぐ作業を行う「マイナー」が、報酬を得る仕組みです。

新しいブロックを鎖につなぐには、ブロックをつなぐために必要な数値「ナンス値」が必要です。ナンス値を発見するためには、コンピューターを使って膨大な計算を行わなければなりません。これを担っているのが、世界中にいるマイナーと呼ばれる人たちです。ナンス値の探索は早い者勝ち。

マイナーがナンス値を発見したら他のマイナーがそれを検証

最初にナンス値を発見したマイナーが、発見したことを告知。その他のマイナーが、発見したナンス値が正しいかどうかを検証、承認する。承認まで約10分で完了できるように、難易度は自動調整されている。

ブロックがつながり、ナンス値を発見したマイナーが報酬を受け取る

承認後、ナンス値を発見したマイナーは、「報酬（新規発行コイン）をブロック製作者に送金」というデータを、ブロックに格納。ブロックがつながると報酬がもらえる。

1人がナンス値を発見すると、正しさをその他のマイナーが公開で検証します。承認されるとブロックがつながり、ナンス値を見つけたマイナーは報酬として、新しく発行されたビットコインを受け取ることができます。

他領域での活用に期待

不正を働くことができないため、マイナー個人の保証がなくても信頼できるという点や、誰かがサイバー攻撃を受けてデータを破損したとしても他のマイナーのデータから復旧できるという点が、ブロックチェーンの大きな特徴です。

仮想通貨だけでなくフィンテックの他の領域におけるブロックチェーンの活用が、ここ数年にわたって模索されています。

◆IoT

あらゆるモノがネットにつながり より多くの情報が集められるようになる

モノの“つぶやき”が情報になる

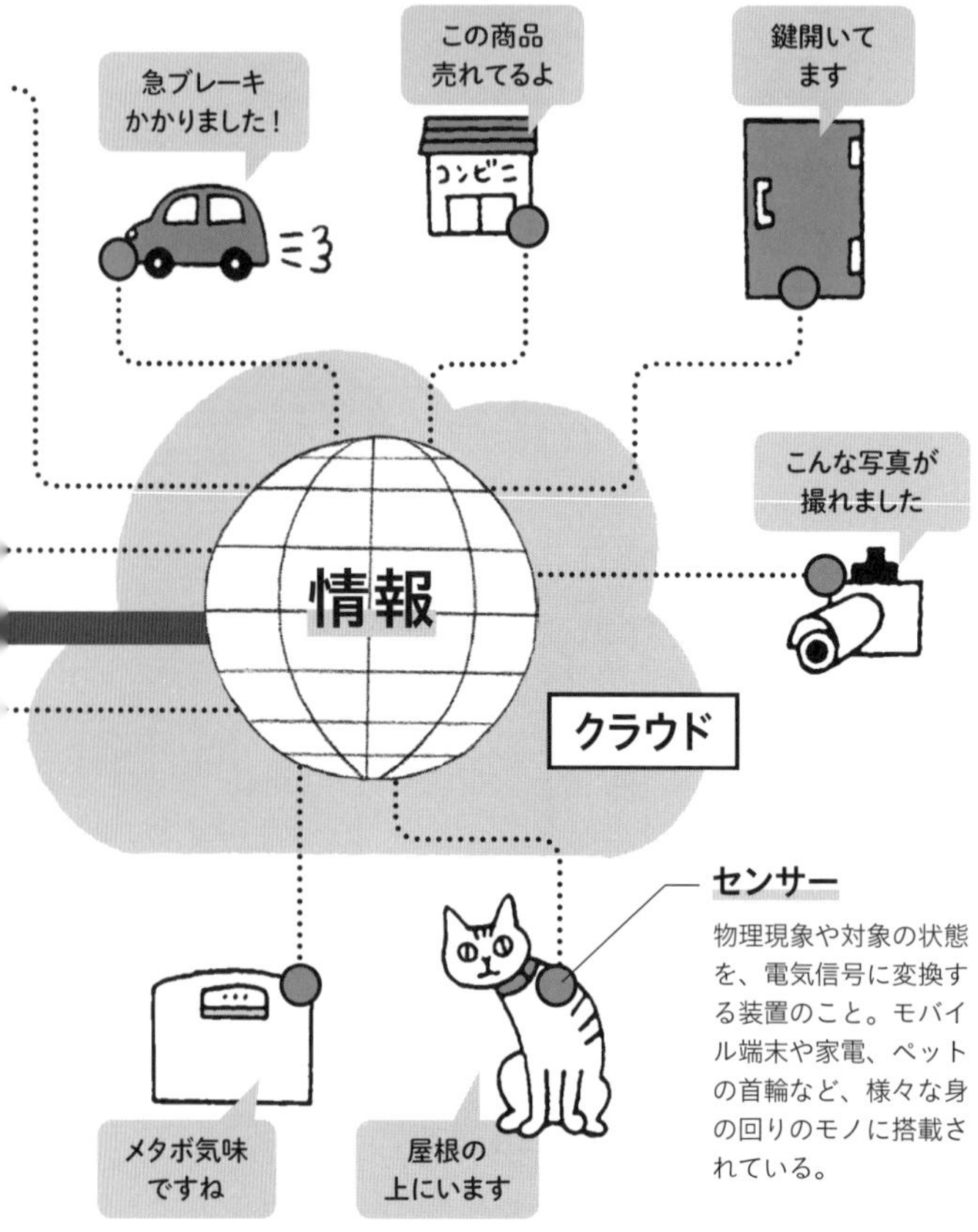

ＩｏＴとは、「Internet of Things（モノのインターネット）」の略。身の回りにあるあらゆるものにセンサーがついて、インターネット経由でつながることを意味します。

身近なセンサーの例としては、複数の人工衛星からの距離によって位置情報を得る「ＧＰＳ」や、蛇口の下に手を出すと水が流れる洗面台などで使われている「光センサー」、部屋の形状を把握してお掃除ロボットの走行を助ける「ジャイロセンサー」など。今や

これまでの情報は…

つながった端末を、人が"操作"しなければ得られなかった

IoT以前は、つながった端末を担当者が操作するなど、自ら取得しに行かなければ情報を得られなかった。また、集めた情報を役立てるには、分析も行う必要があった。

IoTでの情報は…

誰かが操作しなくても、常時休みなく蓄積されていく

IoTでは、モノに搭載されたセンサーが休みなく働いているため、誰かが操作を行わなくても、自動的に膨大な情報が蓄積されていく。AIを利用することでさらに深い分析も可能に。

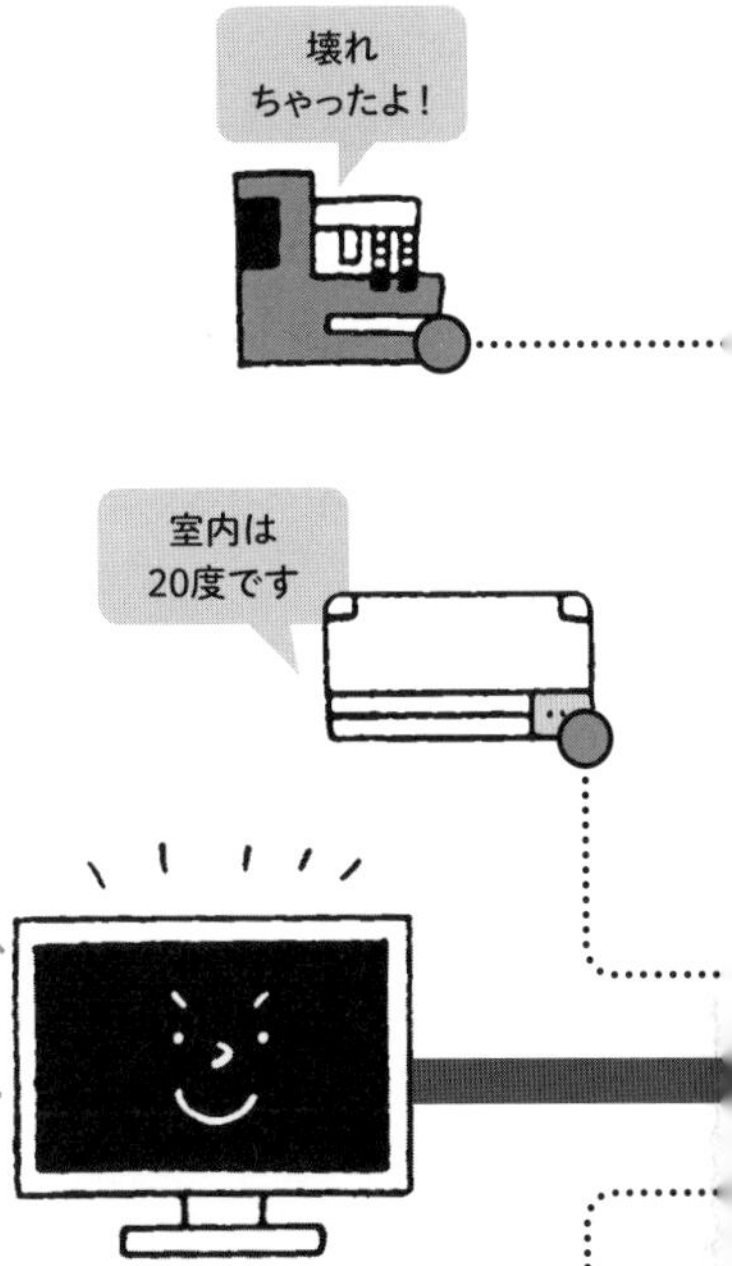

人工知能で情報を分析

センサーから得た情報を、AIで分析。データにもとづき表示や動作を実行するほか、膨大なデータから学習して行動パターンを増やすことも。

今までについていなかったような様々なモノにセンサーが搭載され、そこから身の回りのあらゆる情報が得られるようになる。情報の質や量が格段に変わり、それを使ったビジネスも拡大すると予想される。

家電をはじめとする様々なモノにセンサーが搭載され、インターネットにつながっています。

どんな情報をどう使うか

こうしてセンサーから得た様々な情報を、新しいフィンテックサービスに活かそうという動きがあります。

例えば、自動車にセンサーをつけた場合。急ブレーキをかけた回数や、カーブの曲がり方の特徴といった情報が得られ、自動車の技術革新につながる一方、「個人の運転技術を証明する情報」として、自動車保険料の査定などに利用できる可能性もあります。

フィンテックでは今後も、利用する情報の種類や活用法について、研究が進むといわれています。

◆デザイン（UIとUX）

サイトの見やすさ、わかりやすさは、フィンテックサービスの大きな強み

消費者が愛着を持てるかどうか

デザインには、「UI（ユーザーインターフェース）」と、「UX（ユーザーエクスペリエンス）」があります。UIとは「ユーザーが画面上で目にする情報（ウェブサイトのデザインや文字の書体、イラスト、写真など）」を、UXとは「ユーザーがウェブサイトを見たりサービスを受けたりした際に持った感想」を指します。

もともと金融業界のウェブデザインは、構成や操作性という点で、あまり評判が良くありませんでした。金融というテーマそのものの

サービスの内容や質は同じでも…

難しいデータや用語が多いことや、他サイトとの連携が悪いといったことは、致命的な欠点に。長いパスワードなどをその都度入力させられるといったことも負担になる。

他サイトとの連携や操作性の良さ、見やすいデザインはもちろん、その場で撮影した画像でID確認が完了できるなど、認証作業の簡単さも今や大きな魅力になる。

“入り口”がわかりづらければサービスが選ばれることはない

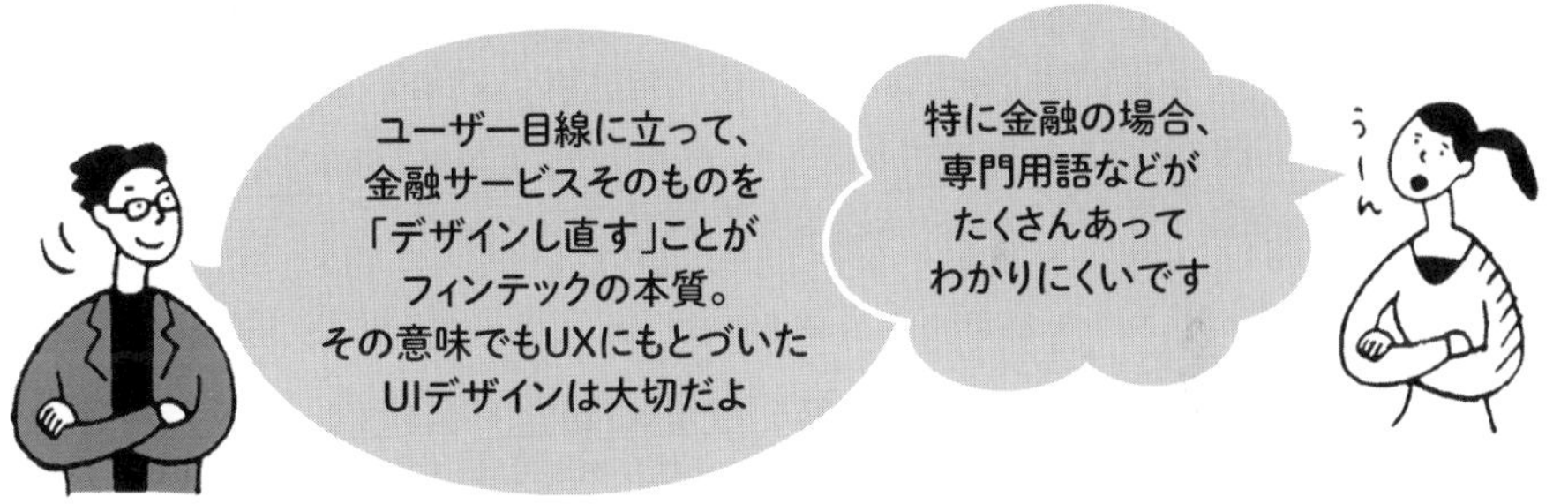

難しさと相まって、使いづらい、わかりづらいと感じるユーザーが多かったのです。

大役を果たすと予想される

一方フィンテックサービスのアプリやウェブサイトは、どれもすっきりとわかりやすく、操作しやすいのが特徴。「タップすべき場所がわかりやすい」「ページ間の移動がスムーズ」「完結地点に至る過程が少なく無駄がない」といった評価が利用者数の拡大につながるため、開発者によって工夫が重ねられているのです。

今後、ユーザーがより自然な流れでストレスなくフィンテックサービスを利用できるようにするという点で、デザインが大きな役割を果たすと考えられます。

\ 1分でわかる! /

第4章のおさらい

フィンテックが普及した背景には、ここ20年ほどの間に起こった、8つのキーテクノロジーの大幅な進化があった。

スマートフォンなどの「モバイル端末」の普及で利用者が増え、外部の企業がサーバーなどを提供する「クラウド」で、新興企業でもサービスの開発が容易に。

多種多様な膨大な「ビッグデータ」を金融サービスに活用できるようになり、「AI」で行う高精度の分析を、融資や投資分野で活かせるようになった。

「API」の公開で、銀行や企業がより強く連携。「IoT」で様々なモノがネットにつながり、フィンテック発展につながる多くの情報が常時取得できるようになった。

仮想通貨を実現したのが、「ブロックチェーン」の技術。今後、ほかの分野への活用が期待されている。

フィンテックサービスの「デザイン(UI/UX)」は、ユーザーの利便性を追求するという点で、注目されている技術。

キャッシュレス決済が普及。
今、フィンテックの「入り口」に。

海外諸国と比較した日本の「キャッシュレス化」の遅れが、長く取り沙汰されてきました。

しかし最近、コンビニでの買い物から公共交通機関の利用、外食まで、生活のあらゆるシーンでキャッシュレス化が進んでいます。クレジットカードだけでなく、電子マネーや交通系ＩＣカード、「〇〇ペイ」など、現金以外の様々な手段を臨機応変に選択し、料金を支払う人が増えています。

決済は、私たちにとって最も身近な金融です。キャッシュレス決済が普及しつつある今、まずはフィンテックの「入り口」に立ったといえるでしょう。この先には、ＩＴ技術の革新とともに日々進化する様々な金融サービスがあります。それらが私たちの生活をどのように便利に変えてくれるのか、期待して待ちたいものです。

本書に掲載しているサービス

参考資料

●書籍

『いちばんやさしいAI〈人工知能〉超入門』大西可奈子著（マイナビ出版）
『いま知っておきたい「みらいのお金」の話』松田学著（アスコム）
『決済インフラ入門〔2020年版〕』宿輪純一著（東洋経済新報社）
『決定版 FinTech』加藤洋輝、桜井駿著（東洋経済新報社）
『誰がFinTechを制するのか』北澤直著（KADOKAWA）
『知識ゼロからのビットコイン・仮想通貨入門』廣末紀之著（幻冬舎）
『フィンテック』柏木亮二著（日本経済新聞出版社）
『ブロックチェーン入門』森川夢佑斗著（KKベストセラーズ）
『60分でわかる！ キャッシュレス決済 最前線』キャッシュレス研究会著（技術評論社）
『60分でわかる！ FinTech フィンテック 最前線』FinTechビジネス研究会著（技術評論社）

●新聞

「日本経済新聞」
「読売新聞」

●ホームページ

「経済産業省　METI Journal」https://meti-journal.jp
「日本銀行」https://www.boj.or.jp

桜井駿（さくらい　しゅん）
株式会社デジタルベースキャピタル代表パートナー。みずほ証券株式会社、株式会社 NTT データ経営研究所を経て、2019 年に株式会社デジタルベースキャピタルを設立。規制産業領域であるPropTech、Fintech のベンチャー企業投資・育成を行い、日本、アメリカ、中国のベンチャー企業へ投資を行っている。不動産・建設領域のスタートアップコミュニティ「PropTech JAPAN」の設立や、一般社団法人 Fintech 協会事務局長、経済産業省新公共サービス検討会委員を歴任。主な著書に、『決定版 FinTech』（共著、東洋経済新報社）、『超図解ブロックチェーン入門』（日本能率協会マネジメントセンター）がある。

装幀　石川直美（カメガイ デザイン オフィス）
装画　TarikVision ／ Shutterstock.com
本文デザイン　八月朔日英子
本文イラスト　さいとうあずみ
校正　黒石川由美
編集協力　オフィス２０１
編集　鈴木恵美（幻冬舎）

知識ゼロからのフィンテック入門

2020 年 5 月 25 日　第 1 刷発行

監　修　桜井 駿
発行人　見城 徹
編集人　福島広司
編集者　鈴木恵美

発行所　株式会社 幻冬舎
〒 151-0051　東京都渋谷区千駄ヶ谷 4-9-7
電話　03-5411-6211（編集）　03-5411-6222（営業）
振替　00120-8-767643
印刷・製本所　近代美術株式会社

検印廃止

万一、落丁乱丁のある場合は送料小社負担でお取替致します。小社宛にお送り下さい。
本書の一部あるいは全部を無断で複写複製することは、法律で認められた場合を除き、著作権の侵害となります。
定価はカバーに表示してあります。
© SHUN SAKURAI, GENTOSHA 2020
ISBN978-4-344-90345-6 C2095
Printed in Japan
幻冬舎ホームページアドレス　https://www.gentosha.co.jp/
この本に関するご意見・ご感想をメールでお寄せいただく場合は、comment@gentosha.co.jp まで。